DISCLAIMER

The author and publisher are providing this book and its contents on an "as is" basis and make no representations or warranties of any kind with respect to this book or its contents. The author and publisher disclaim all such representations and warranties, including but not limited to warranties of merchantability. In addition, the author and publisher do not represent or warrant that the information accessible via this book is accurate, complete, or current.

Except as specifically stated in this book, neither the author nor publisher, nor any authors, contributors, or other representatives will be liable for damages arising out of or in connection with the use of this book. This is a comprehensive limitation of liability that applies to all damages of any kind, including (without limitation) compensatory; direct, indirect, or consequential damages; loss of data, income, or profit; loss of or damage to property; and claims of third parties.

BESTACTIVITYBOOKS.COM

FIRST EDITION - Published 2022

Extra Graphic Material From: www.freepik.com
Thanks to: Alekksall, Starline, Pch.vector, Rawpixel.com, Vectorpocket, Dgim-studio, Upklyak, Macrovector, Stockgiu, Pikisuperstar & Freepik.com Designers

This Book Comes With Free Bonus Puzzles

Available Here:

BestActivityBooks.com/WSBONUS20

5 TIPS TO START!

1) HOW TO SOLVE

The Puzzles are in a Classic Format:

- Words are hidden without breaks (no spaces, dashes, ...)
- Orientation: Forward & Backward, Up & Down or in Diagonal (can be in both directions)
- Words can overlap or cross each other

2) ACTIVE LEARNING

To encourage learning actively, a space is provided next to each word to write down the translation. The **DICTIONARY** allows you to verify and expand your knowledge. You can look up and write down each translation, find the words in the Puzzle then add them to your vocabulary!

3) TAG YOUR WORDS

Have you tried using a tag system? For example, you could mark the words which have been difficult to find with a cross, the ones you loved with a star, new words with a triangle, rare words with a diamond and so on...

4) ORGANIZE YOUR LEARNING

We also offer a convenient **NOTEBOOK** at the end of this edition. Whether on vacation, travelling or at home, you can easily organize your new knowledge without needing a second notebook!

5) FINISHED?

Go to the bonus section: **MONSTER CHALLENGE** to find a free game offered at the end of this edition!

Want more fun and learning activities? It's **Fast and Simple!**
An entire Game Book Collection just **one click away!**

Find your next challenge at:

BestActivityBooks.com/MyNextWordSearch

Ready, Set... Go!

Did you know there are around 7,000 different languages in the world? Words are precious.

We love languages and have been working hard to make the highest quality books for you. Our ingredients?

A selection of indispensable learning themes, three big slices of fun, then we add a spoonful of difficult words and a pinch of rare ones. We serve them up with care and a maximum of delight so you can solve the best word games and have fun learning!

Your feedback is essential. You can be an active participant in the success of this book by leaving us a review. Tell us what you liked most in this edition!

Here is a short link which will take you to your order page.

BestBooksActivity.com/Review50

Thanks for your help and enjoy the Game!

Linguas Classics Team

1 - Antiques

M	E	U	L	A	G	A	N	J	E	A	F	S	G	V
O	N	Č	I	T	N	E	T	U	A	U	F	T	C	K
E	G	F	T	S	C	E	U	H	O	M	D	O	S	H
Đ	C	Y	S	B	G	P	J	P	H	H	Đ	L	G	I
A	D	W	Y	S	V	F	T	I	K	A	N	J	K	U
S	K	U	L	P	T	U	R	A	C	F	Z	E	O	M
S	A	N	C	M	S	L	N	H	U	N	F	Ć	V	J
R	B	L	V	A	J	I	R	E	L	A	G	E	A	E
A	U	K	C	I	J	A	A	F	O	T	B	P	N	T
M	V	K	N	L	Y	L	T	S	N	B	C	H	I	N
Y	V	O	Y	L	K	G	S	H	U	F	I	S	C	O
K	U	Y	N	A	T	N	A	G	E	L	E	Č	E	S
K	D	W	F	B	J	K	U	O	N	G	S	M	N	T
F	K	R	O	O	O	U	K	R	A	S	N	O	A	O
N	A	M	J	E	Š	T	A	J	T	Z	Y	H	K	Z

UMJETNOST
AUKCIJA
AUTENTIČNO
STOLJEĆE
KOVANICE
UKRASNO
ELEGANTAN
NAMJEŠTAJ
GALERIJA
ULAGANJE
NAKIT
STAR
CIJENA
OBNOVA
SKULPTURA
STIL
NEOBIČNO

2 - Food #1

Š	T	U	G	Đ	W	H	H	U	T	M	M	F	N	Z
Đ	E	Č	E	Š	N	J	A	K	D	L	R	D	R	U
T	M	Ć	K	R	A	O	J	J	I	U	W	K	A	Z
E	I	Y	E	L	I	M	U	N	A	K	Đ	O	V	W
S	C	F	K	R	A	W	T	P	U	G	N	S	T	A
A	T	M	I	E	P	G	T	V	R	O	O	L	A	C
L	H	S	K	J	E	Č	A	M	T	L	K	D	D	I
A	P	O	I	F	V	E	N	V	U	J	E	Z	A	L
T	Y	L	R	H	K	S	I	T	N	U	J	J	P	E
A	U	B	I	F	Y	L	P	O	A	H	I	G	E	R
L	A	W	K	K	R	U	Š	K	A	A	L	K	R	A
E	Đ	H	I	W	E	Z	V	E	V	S	M	O	M	M
S	Z	L	N	K	N	O	A	K	R	Đ	C	D	Z	O
Y	Z	V	Y	D	R	D	D	G	M	U	E	K	Đ	U
B	O	S	I	L	J	A	K	Đ	I	B	N	P	N	Y

MARELICA
JEČAM
BOSILJAK
MRKVA
CIMET
ČEŠNJAK
SOK
LIMUN
MLIJEKO
LUK
KIKIRIKI
KRUŠKA
SALATA
SOL
JUHA
ŠPINAT
JAGODA
ŠEĆER
TUNA
REPA

3 - Measurements

Đ	C	K	R	D	Z	B	Č	T	D	D	H	P	H	U
R	D	M	Đ	G	H	A	N	E	M	U	L	O	V	U
D	U	B	I	N	A	J	I	Ž	W	J	Ž	G	Y	U
V	B	T	N	N	S	T	W	I	V	Đ	T	I	M	V
Z	T	K	Y	W	A	T	M	N	A	E	W	A	N	I
W	Y	D	E	K	M	K	R	A	T	E	M	K	C	A
D	E	C	I	M	A	L	A	T	O	N	A	I	E	G
S	V	I	S	I	N	A	N	I	U	D	R	L	N	R
Đ	T	W	K	C	C	B	I	B	N	R	G	O	T	A
C	V	U	Đ	D	K	E	R	G	C	H	O	M	I	M
B	H	H	P	L	C	I	I	L	A	J	L	E	M	C
I	R	I	N	A	I	L	Š	R	I	H	I	T	E	W
F	S	U	A	V	N	T	T	P	B	Đ	K	A	T	I
M	I	N	U	T	A	J	R	S	A	P	T	R	A	J
M	C	Y	N	N	S	B	S	A	J	N	Z	J	R	R

BAJT
CENTIMETAR
DECIMALA
STUPANJ
DUBINA
GRAM
VISINA
INČ
KILOGRAM
KILOMETAR
DUŽINA
LITRA
MASA
METAR
MINUTA
UNCA
TONA
VOLUMEN
TEŽINA
ŠIRINA

4 - Farm #2

J	N	A	V	O	D	N	J	A	V	A	N	J	E	L
A	C	I	N	Š	O	K	A	M	O	N	A	T	F	I
N	F	W	P	M	M	G	V	L	G	A	Z	R	H	V
J	K	M	E	P	K	H	P	I	R	R	J	A	G	A
E	C	V	O	O	L	L	Đ	J	P	H	Ž	K	U	D
T	Ć	A	L	V	A	L	Y	E	W	B	I	T	P	A
I	G	O	O	R	M	U	A	K	Z	S	V	O	O	Z
N	E	N	V	Ć	E	Đ	Y	O	V	G	O	R	K	F
A	A	Z	Đ	E	D	Đ	B	B	R	I	T	S	A	P
P	A	T	K	A	C	I	N	E	Š	P	I	G	J	R
K	U	K	U	R	U	Z	J	S	H	S	N	I	N	M
Z	U	D	O	K	M	N	U	E	T	B	J	J	Ć	S
B	I	D	Y	P	F	Đ	N	V	Č	A	E	M	O	L
C	K	O	D	H	K	G	P	N	R	A	J	V	V	Đ
V	J	E	T	R	E	N	J	A	Č	A	M	A	Y	F

ŽIVOTINJE
JEČAM
STAJA
KOŠNICA
KUKURUZ
PATKA
HRANA
VOĆE
NAVODNJAVANJE
JANJETINA
LAME
LIVADA
MLIJEKO
VOĆNJAK
OVCE
PASTIR
TRAKTOR
POVRĆE
PŠENICA
VJETRENJAČA

5 - Books

S	Č	R	Z	P	J	E	S	M	A	K	K	Đ	T	P
I	I	F	E	B	Z	A	J	I	Z	E	O	P	R	O
B	T	D	O	L	I	G	Y	F	F	T	N	Z	A	V
I	A	U	Z	P	E	R	R	D	K	T	T	W	G	I
N	Č	E	Đ	W	I	V	K	Đ	P	S	E	H	I	J
V	A	T	G	U	A	D	A	A	T	O	K	K	Č	E
E	D	Y	L	E	I	Z	Č	N	P	N	S	L	N	S
N	E	W	I	Y	A	D	I	A	T	L	T	V	O	N
T	J	K	T	U	K	P	R	M	I	A	Đ	S	T	I
I	V	S	E	E	M	B	P	O	V	U	N	Y	V	B
V	O	C	R	V	P	C	I	R	O	D	A	N	F	K
N	P	N	A	S	I	P	A	N	H	A	U	T	O	R
I	I	A	R	F	U	O	A	R	U	T	N	A	V	A
N	R	F	N	S	J	Y	B	Đ	D	S	Y	C	L	Z
Z	P	F	I	S	T	R	A	N	I	C	A	E	Đ	M

AVANTURA
AUTOR
ZBIRKA
KONTEKST
DUALNOST
EP
POVIJESNI
DUHOVIT
INVENTIVNI
LITERARNI
PRIPOVJEDAČ
ROMAN
STRANICA
PJESMA
POEZIJA
ČITAČ
RELEVANTAN
PRIČA
TRAGIČNO
NAPISAN

6 - Meditation

D	U	Č	I	T	I	N	E	A	Đ	P	M	M	L	Z
I	I	L	S	I	M	Z	C	B	G	R	E	I	J	A
U	M	S	K	B	C	I	V	Z	E	I	N	R	U	H
W	V	I	A	Ć	O	N	S	A	J	H	T	A	B	V
N	H	T	D	N	C	T	W	L	I	V	A	N	A	A
H	D	T	O	K	J	S	O	G	C	A	L	P	Z	L
M	S	J	R	L	S	E	F	K	O	Ć	N	B	N	N
P	I	F	I	B	U	D	A	N	M	A	O	F	O	O
E	O	R	R	O	Z	O	N	B	E	N	Đ	R	S	S
S	Z	K	P	W	L	V	I	F	I	J	W	I	T	T
Đ	F	P	R	H	U	K	Š	J	L	E	O	U	K	S
H	J	Đ	D	E	E	K	I	V	A	N	R	B	M	C
I	H	R	W	O	T	H	T	M	M	F	V	L	S	D
I	H	P	I	S	U	O	S	J	E	Ć	A	N	J	E
P	E	R	S	P	E	K	T	I	V	A	C	Đ	R	U

PRIHVAĆANJE
BUDAN
DISANJE
MIRAN
JASNOĆA
SUOSJEĆANJE
EMOCIJE
ZAHVALNOST
NAVIKE
LJUBAZNOST
MENTALNO
UM
POKRET
GLAZBA
PRIRODA
MIR
PERSPEKTIVA
TIŠINA
MISLI
UČITI

7 - Days and Months

T	Č	A	N	A	D	E	J	T	G	O	D	I	N	A
R	E	Đ	V	T	K	N	T	K	K	Z	H	S	M	B
A	T	K	E	O	D	N	G	U	F	M	W	Đ	Đ	G
V	V	U	L	B	Ž	Z	S	P	W	J	L	E	T	U
A	R	R	J	U	A	U	O	I	D	M	T	N	H	R
N	T	I	A	S	J	S	J	N	A	Č	E	J	I	S
J	A	H	Č	S	I	O	N	A	D	E	J	I	R	S
G	K	D	A	F	T	Z	A	I	K	A	R	O	T	U
O	S	L	I	S	T	O	P	A	D	P	C	E	U	F
K	O	L	O	V	O	Z	R	A	D	N	E	L	A	K
T	O	R	N	U	O	U	S	D	G	W	S	T	E	I
M	N	U	F	K	E	J	S	R	J	K	E	H	A	V
Y	C	J	P	O	N	E	D	J	E	L	J	A	K	K
P	D	A	J	L	E	J	D	E	N	F	M	Đ	Y	C
I	I	N	E	D	U	T	S	L	R	I	B	V	P	N

TRAVANJ
KOLOVOZ
KALENDAR
VELJAČA
PETAK
SIJEČANJ
SRPANJ
OŽUJAK
PONEDJELJAK
MJESEC

STUDENI
LISTOPAD
SUBOTA
RUJAN
NEDJELJA
ČETVRTAK
UTORAK
SRIJEDA
TJEDAN
GODINA

8 - Energy

G	N	T	M	O	C	D	I	E	E	E	L	J	V	B
O	E	O	K	B	C	U	I	R	J	D	R	Y	J	A
R	N	P	T	N	V	G	N	Z	N	F	W	L	E	T
I	T	L	F	O	W	C	Č	R	E	S	N	C	T	E
V	R	I	Y	V	F	A	I	H	Đ	L	W	H	A	R
O	O	N	L	L	A	U	R	H	A	R	A	P	R	I
W	P	A	N	J	N	E	T	P	G	J	O	O	W	J
W	I	V	Š	I	L	O	K	O	A	C	W	P	M	A
P	J	L	S	V	Z	Z	E	J	Z	V	Y	E	O	R
H	A	O	G	G	R	N	L	O	W	W	K	C	T	G
T	U	R	B	I	N	A	E	V	O	D	I	K	O	D
E	L	E	K	T	R	O	N	B	V	N	J	R	R	V
N	U	K	L	E	A	R	N	I	B	T	L	J	F	Đ
I	N	D	U	S	T	R	I	J	A	J	G	I	P	W
G	D	N	G	T	I	C	U	M	B	R	U	N	Z	C

BATERIJA
UGLJIK
DIZEL
ELEKTRIČNI
ELEKTRON
ENTROPIJA
OKOLIŠ
GORIVO
BENZIN
TOPLINA
VODIK
INDUSTRIJA
MOTOR
NUKLEARNI
FOTON
ZAGAĐENJE
OBNOVLJIV
PARA
TURBINA
VJETAR

9 - Chess

T	U	R	N	I	R	T	I	Z	A	Z	O	V	I	E
Y	A	P	U	G	T	P	O	S	K	J	Z	G	F	L
Y	A	K	D	Y	J	I	V	Č	V	D	R	D	H	F
P	A	S	I	V	N	O	Č	S	K	O	T	Đ	L	N
N	A	T	E	M	A	P	W	U	I	E	W	T	C	N
P	R	V	A	K	N	A	T	J	E	C	A	N	J	E
J	G	P	R	A	V	I	L	A	S	V	Z	O	Č	W
E	I	Ž	R	T	V	O	V	A	T	I	Y	V	A	C
V	R	I	J	E	M	E	A	C	I	J	L	A	R	K
B	D	M	U	P	W	E	M	R	M	G	F	W	G	W
I	T	K	Y	L	A	L	A	N	O	G	A	J	I	D
J	V	A	J	I	G	E	T	A	R	T	S	R	Z	J
E	A	W	V	P	R	O	T	I	V	N	I	K	J	B
L	V	A	R	P	J	V	C	E	R	L	Z	T	V	O
I	J	H	L	E	I	S	K	R	A	L	J	B	N	I

CRNA
IZAZOVI
PRVAK
PAMETAN
NATJECANJE
DIJAGONALA
IGRA
KRALJ
PROTIVNIK
PASIVNO
IGRAČ
TOČKE
KRALJICA
PRAVILA
ŽRTVOVATI
STRATEGIJA
VRIJEME
UČITI
TURNIR
BIJELI

10 - Archeology

P	B	A	Z	O	F	N	E	P	O	Z	N	A	T	E
R	F	L	A	J	I	R	E	T	S	I	M	T	W	V
O	B	G	B	G	R	K	A	M	O	T	O	P	H	A
F	A	B	O	R	G	N	B	G	K	O	V	Y	R	L
E	U	F	R	E	R	L	O	B	M	O	M	V	A	U
S	H	C	A	N	F	E	D	T	J	E	S	I	M	A
O	Č	A	V	I	Ž	A	R	T	S	I	N	T	E	C
R	F	K	I	V	M	O	Z	A	Z	O	A	T	I	I
G	J	A	O	E	R	J	N	J	N	H	F	S	I	J
C	E	D	S	Š	G	S	N	H	J	A	C	C	G	A
C	T	E	I	U	F	F	O	S	I	L	L	Y	C	A
R	N	S	T	R	U	Č	N	J	A	K	E	I	F	H
R	E	L	I	K	V	I	J	A	T	B	Đ	T	Z	Z
C	I	V	I	L	I	Z	A	C	I	J	A	I	L	A
O	B	J	E	K	T	I	P	Đ	U	U	L	M	G	H

ANALIZA
KOSTI
CIVILIZACIJA
POTOMAK
DOBA
EVALUACIJA
STRUČNJAK
ZABORAVIO
FOSIL
FRAGMENTI
MISTERIJA
OBJEKTI
PROFESOR
RELIKVIJA
ISTRAŽIVAČ
RUŠEVINE
TIM
HRAM
GROB
NEPOZNAT

11 - Food #2

B	W	B	K	K	T	S	M	M	A	L	A	H	D	S
U	R	A	V	I	J	L	G	N	R	B	C	J	Z	O
W	E	O	E	V	P	R	C	J	T	H	I	F	S	E
F	L	Đ	K	I	I	I	R	A	I	B	N	R	P	Đ
Z	E	N	R	U	N	Ž	A	F	Č	G	E	J	A	Č
E	C	Đ	S	E	L	A	J	B	O	R	Š	O	T	O
C	P	F	S	W	U	A	Č	Š	K	O	P	G	L	K
H	T	A	Y	O	Đ	J	I	U	A	Ž	N	U	I	O
R	M	J	I	C	U	A	C	N	N	Đ	L	R	D	L
B	A	N	A	N	A	J	A	K	I	E	L	T	Ž	A
J	V	Š	L	S	U	E	B	A	T	B	H	N	A	D
K	Z	E	K	N	Đ	M	G	R	E	A	Y	L	N	A
Đ	K	R	K	A	O	S	A	B	L	H	T	T	H	Z
M	F	T	K	M	S	T	I	W	I	Z	P	Y	G	A
J	A	B	U	K	A	O	N	R	P	D	M	K	Z	Z

JABUKA
ARTIČOKA
BANANA
BROKULA
CELER
SIR
TREŠNJA
PILETINA
ČOKOLADA
JAJE
PATLIDŽAN
RIBA
GROŽĐE
ŠUNKA
KIVI
GLJIVA
RIŽA
RAJČICA
PŠENICA
JOGURT

12 - Chemistry

V	I	U	M	K	P	L	I	N	U	V	M	W	T	C
O	K	O	I	I	Z	J	Y	W	T	U	O	U	E	D
D	A	N	N	S	K	O	K	B	Y	U	L	G	M	T
I	T	F	R	E	W	I	M	I	Z	N	E	L	P	E
K	A	J	A	L	O	S	S	O	V	Z	K	J	E	K
N	L	M	E	I	K	C	E	I	T	H	U	I	R	U
M	I	G	L	N	L	Z	L	V	K	T	L	K	A	Ć
V	Z	O	K	A	O	U	E	U	A	E	A	Y	T	I
N	A	V	U	G	R	Y	K	K	I	Ž	N	P	U	N
A	T	M	N	I	U	J	T	W	Z	I	I	M	R	A
M	O	S	T	G	R	F	R	E	Đ	N	L	E	A	P
V	R	G	E	A	J	A	O	Y	O	A	P	T	U	Y
A	T	O	M	S	K	I	N	H	E	U	O	A	H	O
T	O	R	G	A	N	S	K	I	G	C	T	L	S	B
W	K	C	F	Y	C	Đ	V	I	P	M	J	I	M	H

KISELINA
ATOMSKI
UGLJIK
KATALIZATOR
KLOR
ELEKTRON
ENZIM
PLIN
TOPLINA
VODIK
ION
TEKUĆINA
METALI
MOLEKULA
NUKLEARNI
ORGANSKI
KISIK
SOL
TEMPERATURA
TEŽINA

13 - Music

H	S	V	J	M	A	T	I	R	V	E	Y	R	L	P
H	P	J	E	I	I	A	K	O	N	Y	E	I	P	J
Z	Đ	W	D	A	L	K	S	B	N	N	Z	T	P	E
T	O	I	H	R	Z	S	R	Z	B	L	I	M	J	V
M	M	B	Z	E	W	W	I	O	O	K	R	I	E	A
K	J	Y	T	P	Y	A	L	V	F	L	K	Č	S	T
L	R	U	Z	O	A	L	B	U	M	O	I	A	N	I
A	N	W	Z	G	B	F	C	G	K	R	N	N	I	S
S	M	Đ	M	I	B	A	L	A	D	A	E	I	Č	N
I	C	B	H	Đ	K	M	U	J	J	A	B	L	K	I
Č	T	F	J	I	N	L	A	K	O	V	Z	W	I	M
N	T	I	K	S	J	I	N	O	M	R	A	H	O	A
I	M	E	L	O	D	I	J	A	Z	W	L	D	Z	N
K	P	J	E	V	A	Č	E	P	W	A	G	R	E	J
E	K	L	E	K	T	I	Č	A	N	Đ	F	E	L	E

ALBUM
BALADA
ZBOR
KLASIČNI
EKLEKTIČAN
HARMONIJSKI
SKLAD
LIRSKI
MELODIJA
MIKROFON
MJUZIKL
GLAZBENIK
OPERA
PJESNIČKI
SNIMANJE
RITAM
RITMIČAN
PJEVATI
PJEVAČ
VOKALNI

14 - Family

P	S	D	E	J	D	Z	M	Z	R	T	S	Z	U	P
R	J	E	I	K	S	N	I	Č	O	O	D	I	J	M
E	W	I	S	J	W	O	Ć	E	G	Z	Đ	V	A	K
D	S	A	K	T	E	T	K	D	O	G	M	A	K	S
A	K	J	A	M	R	T	N	T	E	O	K	G	K	O
K	U	P	D	L	H	A	E	Č	U	N	U	U	C	E
F	N	J	Z	N	K	N	J	K	U	R	E	R	K	R
P	U	M	A	J	Č	I	N	S	K	I	L	P	T	S
T	T	T	Z	A	B	R	A	T	B	S	W	U	P	K
N	E	Ć	A	K	I	N	J	A	T	L	E	S	P	R
D	I	K	Z	S	N	E	Ć	A	K	T	L	A	D	V
D	J	E	T	I	N	J	S	T	V	O	S	E	J	U
G	M	U	Ž	R	C	F	F	O	M	E	Z	Z	E	Z
F	Đ	J	O	D	I	P	E	S	K	K	R	S	C	M
C	U	N	E	K	W	J	E	U	F	E	E	P	A	P

PREDAK
TETKA
BRAT
DIJETE
DJETINJSTVO
DJECA
ROĐAK
KĆI
UNUČE
DJED
UNUK
MUŽ
MAJČINSKI
MAJKA
NEĆAK
NEĆAKINJA
OČINSKI
SESTRA
UJAK
SUPRUGA

15 - Farm #1

W	T	R	Z	P	U	H	Đ	M	Đ	V	S	S	D	U
K	R	A	V	A	I	W	R	D	A	L	E	Č	P	W
M	J	H	E	K	H	L	E	Đ	Z	G	H	Đ	K	T
S	I	J	E	N	O	G	E	P	O	M	A	O	I	M
A	S	N	H	C	W	U	O	T	K	E	P	R	C	D
P	T	O	S	G	R	M	T	B	I	D	C	B	A	G
H	E	K	N	E	M	E	J	S	U	N	C	S	W	C
C	Y	Đ	H	H	L	P	O	L	J	E	A	W	K	B
P	O	L	J	O	P	R	I	V	R	E	D	A	J	D
B	I	Z	O	N	G	H	Y	L	V	T	A	Ž	V	J
M	D	P	F	N	O	P	L	W	B	E	R	I	O	U
H	A	D	S	B	R	B	W	T	U	L	G	R	D	M
L	A	Č	G	N	O	J	I	V	O	E	O	T	A	V
N	K	W	K	D	E	Z	C	Y	V	R	A	N	A	R
P	I	J	L	A	F	L	L	M	C	S	U	T	R	O

POLJOPRIVREDA
PČELA
BIZON
TELE
MAČKA
PILETINA
KRAVA
VRANA
PAS
MAGARAC

OGRADA
GNOJIVO
POLJE
KOZA
SIJENO
MED
KONJ
RIŽA
SJEMENKE
VODA

16 - Camping

B	Z	W	Ž	E	V	E	D	F	M	Z	Z	K	A	Y
E	S	V	D	I	V	I	S	E	Ć	A	D	Đ	V	R
Đ	N	V	R	D	V	K	U	K	A	C	L	J	A	K
C	R	Đ	V	Z	L	O	R	E	Z	E	J	J	N	I
N	P	Y	E	R	L	K	T	L	A	O	R	K	T	S
V	C	W	Ć	R	R	W	T	I	V	U	H	O	U	V
U	W	P	A	O	K	M	K	I	N	D	O	M	R	H
G	Ž	V	K	T	O	W	A	U	I	J	M	P	A	U
T	C	E	C	A	N	I	N	A	L	P	E	A	V	Đ
W	Z	M	R	Š	N	G	I	T	T	J	J	S	A	U
B	U	R	G	V	Y	U	B	R	O	Y	Đ	K	B	B
P	R	I	R	O	D	A	A	A	R	T	A	V	A	W
W	Z	Š	R	L	U	I	K	K	Đ	W	M	V	Z	S
G	C	E	S	E	J	M	M	K	W	Y	U	S	Y	G
Z	W	Š	R	A	V	U	K	K	P	G	Š	W	E	I

AVANTURA
ŽIVOTINJE
KABINA
KANU
KOMPAS
VATRA
ŠUMA
ZABAVA
VISEĆA
ŠEŠIR
LOV
KUKAC
JEZERO
KARTA
MJESEC
PLANINA
PRIRODA
UŽE
ŠATOR
DRVEĆA

17 - Algebra

C	T	A	F	B	E	S	K	O	N	A	Č	N	O	M
G	P	D	Đ	A	O	D	U	Z	I	M	A	N	J	E
V	O	T	Y	L	K	F	O	R	M	U	L	A	H	B
B	R	O	J	U	R	T	N	E	N	O	P	S	K	E
N	V	D	R	N	M	Z	O	N	Ž	A	L	Z	L	G
B	Y	R	J	T	T	I	J	R	U	P	E	A	I	R
R	J	E	Š	E	N	J	E	V	N	A	G	G	N	A
D	I	J	A	G	R	A	M	P	Đ	B	E	R	E	F
M	L	P	D	J	U	Z	N	M	O	Ž	O	A	A	I
E	A	Z	B	O	O	K	A	T	A	D	O	D	R	K
L	P	T	F	R	A	K	C	I	J	A	J	A	N	O
B	Z	D	R	L	E	M	I	G	C	N	E	E	I	N
O	O	E	J	I	R	C	L	U	G	D	W	B	L	F
R	L	O	U	Đ	C	W	U	Z	K	E	N	P	L	A
P	Đ	V	P	G	H	A	L	B	A	J	I	R	A	V

DODATAK
DIJAGRAM
PODJELA
JEDNADŽBA
EKSPONENT
FAKTOR
LAŽNO
FORMULA
FRAKCIJA
GRAFIKON

BESKONAČNO
LINEARNI
MATRICA
BROJ
ZAGRADA
PROBLEM
RJEŠENJE
ODUZIMANJE
VARIJABLA
NULA

18 - Numbers

D	Č	J	W	J	R	N	D	O	Đ	Z	P	H	D	T
Č	E	E	T	S	E	A	N	M	A	D	E	S	E	R
E	D	V	T	F	F	D	Đ	S	G	S	T	B	C	I
T	D	Š	E	I	T	Y	A	K	J	E	N	G	I	P
R	E	E	S	T	R	J	O	N	C	T	A	N	M	G
N	V	S	E	S	B	I	F	P	F	S	E	F	A	G
A	E	N	D	O	S	A	M	A	D	E	S	D	L	K
E	T	A	A	U	D	Y	Y	L	E	A	T	U	A	V
S	N	E	V	D	V	V	W	D	A	N	S	P	E	T
T	A	S	D	V	A	Y	F	E	Z	M	E	O	S	S
E	E	T	L	A	N	W	M	S	K	A	A	U	R	E
R	S	D	T	B	A	I	A	E	S	S	N	N	L	Š
A	T	G	J	S	E	Y	T	T	C	O	I	A	C	V
S	S	C	N	Đ	S	B	O	R	Đ	I	R	U	S	G
S	P	L	S	J	T	Y	D	V	C	Z	T	R	Y	T

DECIMALA
OSAM
OSAMNAEST
PETNAEST
PET
ČETIRI
ČETRNAEST
DEVET
DEVETNAEST
JEDAN
SEDAM
SEDAMNAEST
ŠEST
ŠESNAEST
DESET
TRINAEST
TRI
DVANAEST
DVADESET
DVA

19 - Spices

J	T	I	A	C	Y	L	W	O	N	Z	M	Z	W	K
V	A	K	V	G	U	S	O	L	M	O	H	S	Y	O
G	P	A	P	A	R	R	F	O	G	J	E	D	P	R
Z	M	J	J	J	M	K	R	S	L	A	T	K	I	I
N	N	N	I	M	U	K	A	Y	L	U	K	S	L	J
Š	S	Š	A	O	V	T	Y	R	D	H	T	L	O	A
A	L	E	N	C	K	W	S	P	D	R	R	A	P	N
F	A	Č	I	B	G	U	J	I	V	A	J	J	U	D
R	T	A	S	P	O	I	S	S	A	K	M	J	L	E
A	K	R	H	Y	R	A	O	K	N	I	E	O	C	R
N	O	O	H	Y	A	M	U	A	I	R	T	F	M	M
T	E	M	I	C	K	M	H	V	L	P	G	D	P	L
L	P	O	Y	S	S	T	Đ	I	I	A	Đ	Z	Z	B
V	A	K	D	P	H	H	T	C	J	P	S	U	A	T
Đ	U	M	B	I	R	M	T	A	A	D	Đ	F	N	T

ANIS
GORAK
KARDAMOM
CIMET
KORIJANDER
KUMIN
CURRY
KOMORAČ
PISKAVICA
OKUS
ČEŠNJAK
ĐUMBIR
SLATKI
LUK
PAPRIKA
PAPAR
ŠAFRAN
SOL
SLATKO
VANILIJA

20 - Universe

G	L	K	C	J	A	C	N	V	D	E	O	N	I	B
B	A	N	I	R	I	Š	E	Z	I	J	V	U	L	Y
K	R	L	P	W	V	E	B	F	K	D	B	B	I	I
J	E	S	A	M	A	T	E	O	Č	I	L	A	A	S
B	F	K	O	K	V	H	S	O	I	O	T	J	T	E
L	S	C	O	L	S	B	K	E	M	R	E	I	I	K
P	I	E	D	A	S	I	I	Z	Z	E	L	M	B	V
S	M	S	Đ	T	W	T	J	S	O	T	E	O	R	N
O	E	E	Z	J	Y	M	I	A	K	S	S	N	O	C
N	H	J	C	E	M	S	C	C	R	A	K	O	R	C
A	T	M	O	S	F	E	R	A	I	A	O	R	J	L
Č	H	O	R	I	Z	O	N	T	G	J	P	T	W	O
N	Z	O	D	I	J	A	K	Y	Z	B	C	S	Đ	U
U	C	F	N	E	B	O	H	O	O	K	B	A	Y	K
S	H	G	V	J	P	A	S	T	R	O	N	O	M	G

ASTEROID
ASTRONOM
ASTRONOMIJA
ATMOSFERA
NEBESKI
KOZMIČKI
TAMA
EON
GALAKSIJA
HEMISFERA
HORIZONT
ŠIRINA
MJESEC
ORBITA
NEBO
SUNČANO
SOLSTICIJ
TELESKOP
VIDLJIV
ZODIJAK

21 - Mammals

M	Z	A	K	E	S	C	V	L	C	L	C	S	A	P
Đ	A	C	M	O	R	A	B	A	D	I	J	N	O	K
U	F	Č	O	O	J	Y	K	V	M	S	L	O	L	A
I	A	T	K	I	B	O	G	T	A	I	J	S	Đ	T
F	R	P	V	A	Z	P	T	A	J	C	E	I	H	W
I	I	O	V	C	E	E	Z	B	M	A	R	T	I	K
T	Ž	Y	D	O	L	C	C	F	U	R	O	I	W	K
L	I	N	T	J	Đ	W	T	W	N	B	K	R	Z	E
E	D	B	C	C	Y	M	T	O	I	E	E	I	E	A
E	C	A	O	Z	G	V	G	H	P	Z	K	I	Đ	K
Đ	A	A	G	O	R	I	L	A	U	H	E	Y	M	E
I	L	K	S	L	O	N	A	C	D	O	L	W	M	G
K	L	R	R	T	V	U	K	T	D	S	U	L	C	D
G	P	W	H	K	L	O	K	A	N	T	M	K	R	Y
V	V	E	M	O	Y	O	Đ	M	L	F	E	R	K	M

SNOSITI
DABAR
BIK
MAČKA
KOJOT
PAS
DUPIN
SLON
LISICA
ŽIRAFA
GORILA
KONJ
KLOKAN
LAV
MAJMUN
ZEC
OVCE
KIT
VUK
ZEBRA

22 - Fishing

Č	S	N	T	H	O	J	O	K	S	E	Z	O	N	A
V	A	D	O	V	C	E	C	U	B	C	L	Y	V	C
P	O	M	V	W	E	Z	K	K	R	M	D	N	T	I
S	R	M	A	H	A	E	O	A	Z	P	H	H	K	Ž
P	T	E	U	C	N	R	P	T	S	U	J	L	E	Č
L	W	R	T	G	J	O	R	E	S	U	P	O	G	Y
A	Z	B	P	J	Z	M	E	Ž	W	A	Đ	Z	R	C
Ž	R	K	O	L	E	I	M	I	T	A	H	U	K	H
A	H	V	Y	U	J	R	A	N	V	A	G	A	Š	W
R	P	J	R	J	M	E	I	A	R	A	Š	O	K	U
Z	Đ	W	I	E	Đ	J	N	V	P	E	R	A	J	E
H	D	T	J	F	H	W	Đ	J	A	V	M	Đ	A	E
P	U	H	E	M	A	M	A	C	E	N	G	I	H	S
S	A	R	K	C	G	O	K	P	B	V	J	I	Y	N
Y	W	N	A	L	K	I	A	O	T	L	G	E	B	M

MAMAC
KOŠARA
PLAŽA
ČAMAC
KUHATI
OPREMA
PRETJERIVANJE
PERAJE
ŠKRGE
KUKA
ČELJUST
JEZERO
OCEAN
STRPLJENJE
RIJEKA
VAGA
SEZONA
VODA
TEŽINA
ŽICA

23 - Restaurant #1

P	S	P	J	N	O	Ž	U	L	L	K	U	R	Y	W
I	V	O	Y	E	K	V	B	M	M	U	G	E	I	Z
L	R	E	G	Y	L	R	O	V	R	H	J	Z	C	Z
E	S	U	R	B	U	O	T	A	S	I	J	E	A	H
T	A	E	M	W	U	G	V	E	M	N	K	R	C	E
I	D	L	M	A	Đ	F	G	N	A	J	D	V	I	G
N	E	F	E	A	K	R	T	C	I	A	N	A	R	H
A	S	N	S	J	M	D	R	P	M	K	R	C	A	U
M	E	E	O	I	D	A	K	U	T	N	I	I	B	R
K	R	R	V	G	Y	Z	Z	F	F	H	T	J	O	K
P	T	H	B	R	T	A	N	J	U	R	S	A	N	N
K	R	T	K	E	F	G	I	U	C	V	E	S	O	Y
V	T	T	V	L	T	L	J	V	V	C	J	Y	K	T
Z	K	A	V	A	B	L	A	G	A	J	N	I	K	F
S	A	S	T	O	J	C	I	C	M	Y	U	M	L	L

ALERGIJA
ZDJELA
KRUH
BLAGAJNIK
PILETINA
KAVA
DESERT
HRANA
SASTOJCI
KUHINJA
NOŽ
MESO
JELOVNIK
UBRUS
TANJUR
REZERVACIJA
UMAK
AKUTNI
JESTI
KONOBARICA

24 - Bees

K	I	W	M	F	W	K	F	A	Z	A	M	N	B	W
P	E	L	U	D	R	U	L	C	V	I	J	E	Ć	E
T	C	K	D	E	T	K	V	I	E	Z	J	O	D	Ć
B	N	O	K	M	S	A	N	N	W	T	H	R	R	O
R	U	R	C	Y	O	C	B	Š	D	I	M	K	T	V
F	S	I	E	V	K	C	A	O	M	A	U	Z	T	T
H	I	S	K	S	I	B	B	K	Č	B	I	L	J	E
V	E	N	O	T	L	J	K	R	A	L	J	I	C	A
Đ	M	O	S	A	O	W	E	Đ	V	N	N	R	G	Đ
T	U	C	U	N	N	V	Đ	T	I	S	G	P	D	E
H	H	Z	S	I	Z	Z	R	K	Š	S	V	Z	A	M
R	L	Z	T	Š	A	Đ	F	T	A	P	Đ	S	E	K
A	A	D	A	T	R	C	Đ	S	R	O	I	O	N	W
N	C	U	V	E	E	R	J	A	P	F	J	U	C	A
A	U	V	V	C	H	C	Y	P	O	V	O	S	A	K

KORISNO
CVIJET
RAZNOLIKOST
EKOSUSTAV
CVIJEĆE
HRANA
VOĆE
VRT
STANIŠTE
KOŠNICA
MED
KUKAC
BILJE
PELUD
OPRAŠIVAČ
KRALJICA
DIM
SUNCE
ROJ
VOSAK

25 - Photography

T	D	A	B	Ž	O	L	Z	I	C	K	V	S	T	G
M	M	J	V	B	K	L	T	W	J	O	G	A	R	V
E	C	O	H	C	V	K	T	W	G	N	F	S	C	C
P	C	B	G	M	I	I	R	L	Z	T	T	T	O	F
R	Z	A	T	E	R	T	R	O	P	R	E	A	B	Z
E	V	I	D	N	I	K	U	K	T	A	K	V	J	R
D	A	H	G	R	A	A	N	R	C	S	S	F	E	A
M	I	S	A	K	I	R	D	L	B	T	T	K	K	S
E	T	L	Đ	B	R	E	N	E	J	S	U	U	T	V
T	A	E	F	O	R	M	A	T	L	E	R	L	N	J
J	Š	F	P	Z	Đ	A	M	D	I	G	A	Z	H	E
A	K	H	W	K	T	K	A	A	O	H	O	I	L	T
P	E	R	S	P	E	K	T	I	V	A	G	P	O	A
A	M	D	E	F	I	N	I	C	I	J	A	H	A	D
I	O	C	J	M	O	S	L	B	H	P	Đ	K	S	H

CRNA
KAMERA
BOJA
SASTAV
KONTRAST
TAMA
DEFINICIJA
IZLOŽBA
FORMAT
OKVIR
RASVJETA
OBJEKT
PERSPEKTIVA
PORTRET
SJENE
OMEKŠATI
PREDMET
TEKSTURA
POGLED
VIDNI

26 - Adventure

A	M	E	R	P	I	R	P	I	S	C	P	R	T	M
Đ	T	S	O	N	R	U	G	I	S	T	R	B	E	E
G	R	A	R	E	N	I	T	I	Đ	S	I	I	Š	I
P	R	I	R	O	D	A	L	N	Đ	O	J	Y	K	R
E	T	G	E	R	V	Z	S	I	J	R	A	R	O	F
O	N	S	A	P	O	Z	T	Z	K	B	T	A	Ć	U
Z	E	T	Š	I	D	E	R	D	O	A	E	D	A	L
P	I	E	U	Y	Y	S	P	A	J	R	L	O	W	Z
Đ	N	L	R	Z	B	F	P	Z	N	H	J	S	L	W
Z	I	Z	K	P	I	T	S	O	N	V	I	T	K	A
P	A	I	R	F	A	J	I	C	A	G	I	V	A	N
G	I	Ć	U	J	U	Đ	A	N	E	N	Z	I	N	U
L	J	E	P	O	T	A	U	Z	F	C	S	U	O	Y
I	Z	A	Z	O	V	I	O	W	A	F	K	T	V	I
N	E	O	B	I	Č	N	O	B	D	M	O	B	O	C

AKTIVNOST
LJEPOTA
HRABROST
IZAZOVI
PRILIKA
OPASNO
ODREDIŠTE
TEŠKOĆA
ENTUZIJAZAM
IZLET

PRIJATELJI
ITINERAR
RADOST
PRIRODA
NAVIGACIJA
NOVO
PRIPREMA
SIGURNOST
IZNENAĐUJUĆI
NEOBIČNO

27 - Sport

I	F	T	L	W	T	K	P	L	I	S	S	T	I	F
P	R	N	I	Đ	I	I	O	L	R	L	P	R	Z	G
B	Đ	P	F	S	M	K	J	S	E	P	O	E	D	B
R	K	F	W	U	A	Č	J	E	T	S	S	N	R	F
G	R	E	U	D	Z	I	W	I	L	I	O	E	Ž	S
M	I	Š	I	Ć	I	L	T	B	H	O	B	R	L	J
L	W	O	J	J	L	O	W	W	V	Z	N	D	J	O
C	I	L	J	N	K	B	E	J	R	Z	O	A	I	G
E	E	R	P	Đ	I	A	N	A	R	H	S	I	V	G
W	Z	L	F	P	C	T	M	U	G	E	T	N	O	I
U	H	Đ	F	J	I	E	D	I	J	E	T	A	S	N
S	N	A	G	A	B	M	A	R	G	O	R	P	T	G
M	A	K	S	I	M	I	Z	I	R	A	T	I	S	Y
S	P	O	R	T	A	Š	S	P	O	R	T	S	K	I
L	U	Y	L	F	Z	D	R	A	V	L	J	E	A	R

SPOSOBNOST
SPORTAŠ
TIJELO
KOSTI
TRENER
BICIKLIZAM
PLES
DIJETA
IZDRŽLJIVOST
CILJ
ZDRAVLJE
JOGGING
MAKSIMIZIRATI
METABOLIČKI
MIŠIĆI
ISHRANA
PROGRAM
SPORTSKI
SNAGA

28 - Restaurant #2

J	I	V	F	U	S	W	F	F	D	W	B	I	W	H
V	E	Č	E	R	A	C	I	L	O	T	S	W	R	R
S	J	A	J	A	B	M	W	M	S	L	V	O	E	U
A	A	C	I	L	I	V	F	B	Y	Đ	E	S	Z	Č
Z	M	L	U	S	T	I	A	J	U	H	A	D	A	A
E	B	R	A	K	W	K	S	O	L	U	E	W	N	K
C	J	E	F	T	U	J	H	L	V	W	I	G	C	G
T	S	Đ	I	Y	A	S	I	N	O	S	K	P	I	W
M	P	O	V	R	Ć	E	N	G	Ć	K	J	Y	Đ	M
R	I	P	C	R	L	Ć	I	O	E	O	H	O	P	L
N	C	E	K	I	F	I	Č	U	V	N	F	J	K	Z
G	P	R	Z	B	Z	P	A	F	T	O	A	E	H	A
Z	B	E	V	A	H	Z	Z	Z	A	B	S	K	E	L
Ž	L	I	C	A	T	O	R	T	A	A	U	P	U	Y
D	I	I	W	A	W	V	F	K	F	R	V	O	D	A

PIĆE
TORTA
STOLICA
UKUSNO
VEČERA
JAJA
RIBA
VILICA
VOĆE
LED
RUČAK
REZANCI
SALATA
SOL
JUHA
ZAČINI
ŽLICA
POVRĆE
KONOBAR
VODA

29 - Geology

K	C	R	A	V	K	O	S	K	Y	C	A	M	K	T
M	O	I	A	S	C	A	N	R	E	V	A	K	N	U
E	J	N	K	H	B	H	E	I	P	R	F	R	G	P
H	G	Đ	T	L	O	S	M	S	E	R	T	O	P	K
E	P	K	O	I	U	G	A	T	C	J	I	G	R	L
P	R	L	D	C	N	S	K	A	P	K	E	A	Đ	A
L	S	O	Đ	P	J	E	I	L	L	E	H	K	S	V
A	L	Đ	Z	M	E	A	N	I	L	E	S	I	K	A
T	N	Z	I	I	K	W	W	T	A	N	P	S	P	J
O	C	R	Y	I	J	E	K	D	Đ	G	J	E	G	L
Z	E	L	H	L	N	A	K	L	U	V	J	L	E	A
S	T	A	L	A	K	T	I	T	B	C	O	O	J	R
W	M	W	Z	S	M	I	N	E	R	A	L	I	Z	O
T	L	Y	F	S	L	O	J	I	C	L	A	K	I	K
F	O	S	I	L	W	L	A	L	V	E	F	B	R	O

KISELINA
KALCIJ
KAVERNA
KONTINENT
KORALJA
KRISTALI
CIKLUSI
POTRES
EROZIJA
FOSIL

GEJZIR
LAVA
SLOJ
MINERALI
PLATO
KVARC
SOL
STALAKTIT
KAMEN
VULKAN

30 - House

U	J	O	L	A	J	K	S	Đ	H	Đ	Z	J	S	O
E	M	E	K	N	D	N	V	Š	P	H	U	A	O	G
M	A	S	K	R	L	J	J	U	N	W	N	K	B	L
G	A	R	A	Ž	A	I	E	T	I	P	K	E	A	E
M	E	T	L	A	K	Ž	T	R	M	J	C	R	P	D
F	E	S	N	Y	R	N	I	V	A	U	M	K	R	A
V	W	V	E	W	D	I	L	F	K	U	R	J	O	L
S	L	I	M	J	D	C	J	K	R	J	Y	A	Z	O
K	B	L	C	Y	V	A	K	A	L	C	D	T	O	Y
O	U	G	Đ	U	B	A	A	T	A	R	V	Š	R	A
F	G	H	W	A	D	I	Z	J	W	V	K	E	I	K
I	U	R	I	P	O	T	K	R	O	V	L	J	E	R
C	V	H	A	N	Z	E	M	E	U	S	K	M	N	O
R	H	Đ	P	D	J	E	S	O	V	S	U	A	W	V
N	R	L	G	T	A	A	Đ	Z	N	P	C	N	R	H

POTKROVLJE
METLA
ZAVJESE
VRATA
OGRADA
KAMIN
KAT
NAMJEŠTAJ
GARAŽA
VRT
TIPKE
KUHINJA
SVJETILJKA
KNJIŽNICA
OGLEDALO
KROV
SOBA
TUŠ
ZID
PROZOR

31 - Physics

Z	E	M	G	B	V	L	K	E	A	U	K	P	U	N
E	L	O	O	U	W	F	V	Đ	S	N	F	R	B	F
B	E	T	B	L	S	C	T	N	N	I	Č	O	R	R
O	K	A	T	R	E	T	K	Z	P	V	E	Š	Z	E
U	T	S	J	P	Z	K	O	U	E	E	S	I	A	K
S	R	A	J	Z	C	I	U	Ć	Z	R	T	R	N	V
G	O	M	L	A	W	A	N	L	A	Z	I	E	J	E
A	N	I	L	P	U	S	L	A	A	A	C	N	E	N
T	F	G	R	O	T	O	M	B	K	L	A	J	R	C
F	O	R	M	U	L	A	F	Z	I	A	K	E	G	I
K	E	M	I	J	S	K	I	W	N	N	G	J	R	J
T	C	T	S	O	N	V	I	T	A	L	E	R	F	A
F	B	F	J	Y	D	N	J	K	H	B	T	W	H	V
N	V	J	B	Y	I	N	R	A	E	L	K	U	N	K
M	A	Z	I	T	E	N	G	A	M	Z	O	K	F	A

UBRZANJE
ATOM
KAOS
KEMIJSKI
GUSTOĆA
ELEKTRON
MOTOR
PROŠIRENJE
FORMULA
FREKVENCIJA

PLIN
MAGNETIZAM
MASA
MEHANIKA
MOLEKULA
NUKLEARNI
ČESTICA
RELATIVNOST
UNIVERZALAN
BRZINA

32 - Dance

K	W	P	G	T	M	I	L	O	S	T	M	S	Đ	G
A	L	Z	K	R	K	R	Z	T	P	V	T	J	Y	L
K	N	A	L	A	N	O	I	C	I	D	A	R	T	A
A	A	E	S	S	P	F	V	O	C	Y	G	O	S	Z
D	T	M	V	I	D	D	B	L	S	K	O	K	Z	B
E	S	O	I	H	Č	R	D	E	P	R	O	B	A	A
M	O	C	D	W	G	N	A	J	A	Ž	A	R	Z	I
I	D	I	N	P	E	G	I	I	A	K	A	W	R	P
J	A	J	I	I	N	R	U	T	L	U	K	C	I	A
A	R	A	D	R	Ž	A	N	J	E	C	G	E	T	R
U	M	J	E	T	N	O	S	T	O	Y	E	S	A	T
H	H	G	K	U	L	T	U	R	A	O	N	Z	M	N
T	F	K	O	R	E	O	G	R	A	F	I	J	A	E
P	O	K	R	E	T	A	G	T	P	C	M	G	S	R
R	R	L	F	Y	P	O	M	D	N	A	T	A	Z	A

AKADEMIJA
UMJETNOST
TIJELO
KOREOGRAFIJA
KLASIČNI
KULTURNI
KULTURA
EMOCIJA
IZRAŽAJAN
MILOST

RADOSTAN
SKOK
POKRET
GLAZBA
PARTNER
DRŽANJE
PROBA
RITAM
TRADICIONALAN
VIDNI

33 - Coffee

S	A	M	L	J	E	T	I	P	C	P	Đ	V	H	I
F	H	F	E	B	A	V	G	I	I	O	R	T	U	J
Đ	U	W	J	D	K	E	Z	T	J	D	S	G	W	Z
B	A	P	W	G	Y	R	Z	I	E	R	O	S	T	B
H	I	Y	U	P	Y	D	K	D	N	I	P	Z	T	P
C	W	K	V	O	D	A	O	Z	A	J	U	I	G	A
R	N	S	N	A	N	I	Ć	U	K	E	T	Š	Ć	N
N	T	A	L	F	F	I	R	U	C	T	O	E	B	E
A	L	C	J	M	G	I	E	D	R	L	K	Ć	D	Ž
M	L	I	J	E	K	O	L	F	B	O	U	E	T	R
F	P	L	M	W	A	C	K	T	O	H	S	R	W	P
Y	Y	A	M	O	R	A	B	Z	A	K	F	Y	D	T
H	S	Š	F	L	O	S	P	G	T	R	I	J	N	R
E	Z	B	R	F	G	K	I	S	E	L	O	D	K	N
C	P	P	K	K	R	E	M	A	U	U	R	U	M	U

KISELO
AROMA
PIĆE
GORAK
CRNA
KOFEIN
KREMA
ŠALICA
FILTAR
OKUS
SAMLJETI
TEKUĆINA
MLIJEKO
JUTRO
PODRIJETLO
CIJENA
PRŽENA
ŠEĆER
PITI
VODA

34 - Shapes

T	I	W	U	H	Đ	J	F	D	E	T	P	K	K	H
W	G	V	Đ	U	T	G	H	G	Đ	E	R	O	O	I
G	F	O	Y	W	O	U	Z	Đ	B	Đ	A	C	N	P
A	G	I	V	O	B	U	R	P	U	S	V	K	U	E
Z	B	S	T	A	R	D	A	V	K	F	O	A	S	R
L	U	K	H	D	L	P	F	E	L	E	K	S	C	B
A	K	E	V	I	S	A	P	G	A	R	U	P	I	O
I	U	A	Z	M	U	T	N	L	E	A	T	I	L	L
S	T	O	U	A	P	R	I	Z	M	A	N	L	I	A
Đ	T	G	U	R	K	C	G	D	Y	Z	I	E	N	Y
V	U	R	W	I	A	U	T	K	L	S	K	A	D	N
V	K	A	A	P	K	D	J	U	Y	R	T	Đ	A	P
Đ	O	S	H	N	O	G	I	L	O	P	H	O	R	J
Z	R	R	V	F	A	J	L	U	V	I	R	K	F	U
G	T	H	L	V	B	O	L	J	C	A	E	L	L	J

LUK
KRUG
KONUS
KUT
KOCKA
KRIVULJA
CILINDAR
RUBOVI
ELIPSA
HIPERBOLA
CRTA
OVALAN
POLIGON
PRIZMA
PIRAMIDA
PRAVOKUTNIK
STRANA
SFERA
KVADRAT
TROKUT

35 - Scientific Disciplines

H	K	U	K	H	G	A	A	U	P	O	A	F	B	A
M	R	E	E	S	U	V	J	U	O	J	W	G	I	S
I	O	A	M	Đ	A	K	I	N	A	H	E	M	O	T
A	B	J	S	I	E	M	G	I	K	E	O	S	K	R
J	H	I	T	R	J	R	O	R	R	C	Z	U	E	O
I	M	G	D	J	J	A	L	W	W	C	Y	O	M	N
G	W	O	C	M	V	G	O	H	W	T	Z	O	I	O
O	E	L	I	N	G	V	I	S	T	I	K	A	J	M
L	A	O	T	Y	V	T	Z	T	D	N	M	Z	A	I
O	P	H	L	C	A	J	I	G	O	L	O	I	B	J
N	G	I	N	O	C	H	F	G	R	K	P	L	J	A
U	V	S	U	L	G	A	N	A	T	O	M	I	J	A
M	P	P	Y	A	J	I	G	O	L	O	I	C	O	S
I	D	J	G	E	M	A	J	I	G	O	L	O	K	E
B	O	T	A	N	I	K	A	A	D	L	F	D	M	J

ANATOMIJA
ASTRONOMIJA
BIOKEMIJA
BIOLOGIJA
BOTANIKA
KEMIJA
EKOLOGIJA
GEOLOGIJA
IMUNOLOGIJA
LINGVISTIKA
MEHANIKA
FIZIOLOGIJA
PSIHOLOGIJA
SOCIOLOGIJA

36 - Science

J	H	K	H	I	A	H	K	E	M	I	J	S	K	I
L	L	B	C	A	J	I	C	U	L	O	V	E	A	Đ
F	I	Z	I	K	A	P	M	O	L	E	K	U	L	E
P	S	G	S	P	M	O	C	H	D	B	N	P	T	S
Đ	O	J	V	G	I	T	P	Y	T	P	E	Đ	N	M
Z	F	D	Đ	E	L	E	Č	E	S	T	I	C	E	I
H	W	Đ	A	K	K	Z	W	H	I	A	Y	B	M	N
F	C	O	I	C	C	A	L	F	Đ	T	L	Đ	I	E
F	B	L	M	C	I	V	Z	A	E	O	I	M	R	R
I	Č	I	N	J	E	N	I	C	A	M	V	F	E	A
B	O	R	G	A	N	I	Z	A	M	D	U	L	P	L
I	W	W	G	P	R	I	R	O	D	A	O	G	S	I
L	L	A	B	O	R	A	T	O	R	I	J	T	K	P
J	G	R	A	V	I	T	A	C	I	J	A	O	E	S
E	Z	N	A	N	S	T	V	E	N	I	K	M	U	M

ATOM
KEMIJSKI
KLIMA
PODACI
EVOLUCIJA
EKSPERIMENT
ČINJENICA
FOSIL
GRAVITACIJA
HIPOTEZA
LABORATORIJ
METODA
MINERALI
MOLEKULE
PRIRODA
ORGANIZAM
ČESTICE
FIZIKA
BILJE
ZNANSTVENIK

37 - Beauty

Z	C	P	C	B	A	Š	K	K	Š	I	E	Z	W	J
M	H	Z	A	L	H	A	O	O	A	Đ	L	Ž	S	M
S	A	T	K	V	F	R	Z	V	M	F	E	H	U	I
Y	O	S	W	J	U	M	M	R	P	M	G	F	Z	R
K	P	O	K	R	J	U	E	Č	O	Đ	A	E	D	I
Š	V	L	S	A	E	N	T	E	N	S	N	H	O	S
M	O	I	Z	E	R	D	I	G	B	H	T	H	G	G
I	J	M	P	O	A	A	K	U	K	A	A	A	L	R
N	G	L	L	P	K	R	A	L	O	O	N	F	E	S
K	Z	M	G	I	Š	K	A	S	U	D	Ž	C	D	T
A	Đ	J	R	B	O	J	A	U	Y	F	E	A	A	I
F	O	T	O	G	E	N	I	Č	A	N	R	H	L	L
N	B	C	P	R	O	I	Z	V	O	D	I	I	O	I
G	E	L	E	G	A	N	C	I	J	A	A	V	R	S
Z	J	C	K	U	L	J	A	G	Đ	H	A	I	B	T

ŠARM
BOJA
KOZMETIKA
KOVRČE
ELEGANCIJA
ELEGANTAN
MIRIS
MILOST
RUŽ
ŠMINKA
MASKARA
OGLEDALO
ULJA
FOTOGENIČAN
PROIZVODI
ŠKARE
USLUGE
ŠAMPON
KOŽA
STILIST

38 - Clothes

P	Z	B	J	I	W	F	S	L	C	G	E	Đ	J	O
O	N	V	O	O	L	R	T	N	V	N	E	R	W	H
J	R	U	K	A	V	I	C	E	A	N	K	A	J	H
A	H	C	F	M	O	D	A	P	C	K	H	W	F	A
S	A	Š	L	K	I	I	M	R	I	S	I	G	E	L
B	U	Z	E	S	P	L	A	E	V	E	P	T	P	J
I	N	Đ	F	Š	I	S	Ž	G	K	C	L	U	S	I
Y	Z	Y	Đ	E	I	F	D	A	U	I	V	P	H	N
S	U	K	N	J	A	R	I	Č	R	R	B	A	N	A
S	A	N	D	A	L	E	P	A	A	E	R	K	F	L
V	K	Z	H	L	A	Č	E	I	N	P	Y	W	W	E
L	P	E	U	K	O	Š	U	L	J	A	N	A	P	P
R	R	Z	J	L	W	O	B	A	Z	R	A	Z	V	I
P	S	Z	Y	C	B	G	Đ	Š	Z	T	V	I	F	C
N	T	T	W	D	Ž	E	M	P	E	R	U	N	F	V

PREGAČA
POJAS
BLUZA
NARUKVICA
KAPUT
HALJINA
MODA
RUKAVICE
ŠEŠIR
JAKNA
TRAPERICE
NAKIT
PIDŽAMA
HLAČE
SANDALE
ŠAL
KOŠULJA
CIPELA
SUKNJA
DŽEMPER

39 - Astronomy

S	Z	M	J	E	S	E	C	G	E	K	U	B	V	M
P	U	V	G	A	S	T	E	R	O	I	D	F	P	E
L	Z	P	J	K	O	Z	M	O	S	E	L	R	Đ	T
A	O	H	E	E	Z	R	A	Č	E	N	J	E	A	E
N	D	P	C	R	Z	M	W	I	P	Z	Y	T	J	O
E	I	K	E	F	N	D	D	E	A	T	E	K	A	R
T	J	U	Z	K	B	O	A	N	I	Č	R	M	O	P
A	A	C	T	R	V	B	V	R	F	Đ	I	M	G	S
G	K	V	F	D	O	I	W	A	N	C	L	Y	Z	H
N	E	B	O	R	W	Đ	N	A	C	I	L	G	A	M
A	S	T	R	O	N	O	M	O	B	W	C	S	J	J
G	A	L	A	K	S	I	J	A	C	J	Y	A	L	V
S	A	T	E	L	I	T	L	U	K	I	B	H	M	P
E	F	Y	V	G	B	T	T	U	R	H	J	H	E	U
U	Đ	H	Y	T	U	A	N	O	R	T	S	A	Z	Z

ASTEROID
ASTRONAUT
ASTRONOM
KOZMOS
ZEMLJA
POMRČINA
EKVINOCIJA
GALAKSIJA
METEOR
MJESEC
MAGLICA
ZVJEZDARNICA
PLANETA
ZRAČENJE
RAKETA
SATELIT
NEBO
SUPERNOVA
ZODIJAK

40 - Health and Wellness #2

W	N	I	S	H	R	A	N	A	M	T	G	W	R	N
I	J	Y	E	O	Y	J	A	J	V	A	R	W	H	A
Z	C	U	R	U	S	I	P	I	I	J	S	K	M	J
L	D	B	T	U	I	R	E	G	T	I	J	A	L	I
O	F	R	S	H	A	O	T	R	A	G	W	O	Ž	C
Y	P	N	A	W	P	L	I	E	M	R	K	O	G	A
I	Y	O	D	V	P	A	T	N	I	E	F	S	E	R
M	T	T	R	M	B	K	U	E	N	L	V	T	N	D
V	K	N	P	A	J	I	M	O	T	A	N	A	E	I
D	S	J	E	H	V	B	O	L	N	I	C	A	T	H
E	M	R	A	A	R	A	B	O	L	E	S	T	I	E
Y	V	Y	J	H	K	E	K	D	S	P	W	C	K	D
H	I	G	I	J	E	N	A	N	J	K	M	N	A	V
A	C	C	D	I	J	E	T	A	T	E	Ž	I	N	A
K	W	A	B	F	I	N	F	E	K	C	I	J	A	Z

ALERGIJA
ANATOMIJA
APETIT
KRV
KALORIJA
DEHIDRACIJA
DIJETA
BOLEST
ENERGIJA
GENETIKA
ZDRAV
BOLNICA
HIGIJENA
INFEKCIJA
MASAŽA
ISHRANA
OPORAVAK
STRES
VITAMIN
TEŽINA

41 - Disease

Z	O	C	I	K	S	T	E	N	E	G	Đ	Y	F	N
D	D	C	T	R	R	K	O	B	J	E	J	Z	D	P
R	O	U	G	O	R	B	A	J	I	P	A	R	E	T
A	S	M	I	N	Ć	U	L	P	G	E	N	I	C	N
V	T	E	T	I	N	U	M	I	R	T	A	W	R	E
L	K	J	K	Č	T	T	W	O	E	K	S	M	S	U
J	D	E	B	A	L	S	I	A	L	U	L	S	U	R
E	M	P	A	N	E	G	O	T	A	P	J	I	P	O
F	I	S	J	C	A	N	B	K	Y	A	E	N	A	P
B	A	K	T	E	R	I	J	S	K	I	D	D	L	A
T	I	J	E	L	O	D	I	Š	N	I	N	R	A	T
L	C	M	L	D	V	K	L	Đ	A	Y	O	O	A	I
V	L	O	W	E	L	L	N	E	S	S	P	M	R	J
A	Đ	T	Z	C	K	I	G	V	N	F	N	W	H	A
W	T	K	M	R	Z	U	Z	A	R	A	Z	A	N	Y

ALERGIJE
BAKTERIJSKI
TIJELO
KOSTI
KRONIČAN
ZARAZAN
GENETSKI
ZDRAVLJE
SRCE
NASLJEDNO
IMUNITET
UPALA
NEUROPATIJA
PATOGENA
PLUĆNI
DIŠNI
SINDROM
TERAPIJA
SLAB
WELLNESS

42 - Time

O	C	M	G	M	J	E	S	E	C	M	S	H	B	C
U	C	A	O	N	A	R	H	P	P	O	O	P	U	U
F	H	H	D	J	U	T	R	O	R	A	N	V	D	S
M	K	L	I	A	I	A	F	P	A	I	P	H	U	K
S	E	L	Š	O	S	S	V	Z	D	Đ	J	U	Ć	O
K	O	D	N	D	B	K	M	G	N	I	J	E	N	R
D	A	N	J	G	E	V	B	Y	E	O	M	S	O	O
D	M	U	I	P	S	S	N	S	L	N	G	W	S	J
A	I	J	M	O	O	T	E	N	A	D	E	J	T	T
B	N	J	W	D	U	L	P	T	K	F	I	A	R	J
F	U	T	V	N	C	C	A	V	L	O	G	N	R	R
D	T	E	H	E	D	A	N	A	S	J	G	O	Z	K
A	A	S	T	O	L	J	E	Ć	E	C	E	Ć	O	C
G	O	D	I	N	A	M	E	D	K	K	E	Ć	U	W
J	U	Č	E	R	Y	G	S	U	H	B	B	Z	E	L

GODIŠNJI
PRIJE
KALENDAR
STOLJEĆE
SAT
DAN
DESETLJEĆE
RANO
BUDUĆNOST
MINUTA
MJESEC
JUTRO
NOĆ
PODNE
SADA
USKORO
DANAS
TJEDAN
GODINA
JUČER

43 - Buildings

B	J	M	H	E	P	K	L	T	F	N	W	Đ	M	Z
U	K	E	U	Z	M	R	A	V	J	H	Z	Đ	O	V
K	Đ	O	B	Z	L	L	B	O	F	S	C	A	Y	J
K	A	F	G	K	E	C	O	R	P	A	A	M	T	E
A	C	B	T	P	T	J	R	N	U	L	R	D	E	Z
Z	I	I	I	M	O	B	A	I	I	O	O	M	J	D
A	N	A	G	N	H	I	T	C	T	K	V	I	A	A
L	L	W	J	O	A	W	O	A	O	Š	D	M	K	R
I	O	C	S	I	J	B	R	L	R	Y	H	Z	I	N
Š	B	D	N	D	A	O	I	O	A	S	Đ	F	N	I
T	V	G	N	A	T	R	J	A	N	A	T	S	O	C
E	F	L	E	T	S	O	H	V	J	O	U	Đ	M	A
I	K	B	F	S	Đ	T	C	U	I	T	E	E	A	B
S	U	P	E	R	M	A	R	K	E	T	B	P	W	Đ
C	Đ	T	O	E	T	Š	I	L	I	Č	U	E	V	S

STAN
STAJA
KABINA
DVORAC
KINO
TVORNICA
FARMA
BOLNICA
HOSTEL
HOTEL
LABORATORIJ
MUZEJ
ZVJEZDARNICA
ŠKOLA
STADION
SUPERMARKET
ŠATOR
KAZALIŠTE
TORANJ
SVEUČILIŠTE

44 - Gardening

B	S	Z	U	G	J	R	V	C	P	B	T	R	G	O
U	L	C	H	V	A	D	O	V	R	O	C	S	G	H
K	T	S	O	P	M	O	K	J	L	T	Z	E	I	V
E	Y	F	H	M	I	F	L	E	J	A	V	Z	R	L
T	R	Đ	C	L	L	R	R	T	A	N	R	O	L	A
J	Z	Y	L	D	K	O	J	N	V	I	B	N	E	G
J	E	S	T	I	V	O	J	I	Š	Č	N	S	G	A
N	M	C	V	I	J	E	T	G	T	K	F	K	Z	T
K	O	B	I	M	Z	A	O	Y	I	I	C	I	O	S
S	J	E	M	E	N	K	E	K	N	L	R	V	T	R
K	E	S	H	N	C	L	I	S	A	M	I	J	I	V
C	K	V	J	E	I	M	I	T	E	C	J	U	Č	Z
V	O	Ć	N	J	A	K	H	Š	L	K	E	O	N	T
F	B	N	U	W	Y	E	N	Y	Ć	N	V	D	O	Y
K	O	N	T	E	J	N	E	R	P	E	O	V	M	M

CVIJET
BOTANIČKI
BUKET
KLIMA
KOMPOST
KONTEJNER
PRLJAVŠTINA
JESTIVO
EGZOTIČNO
CVJETNI
LIŠĆE
CRIJEVO
LIST
VLAGA
VOĆNJAK
SEZONSKI
SJEMENKE
TLO
VRSTA
VODA

45 - Herbalism

F	O	S	V	V	B	M	B	L	A	V	A	N	D	A
R	U	Y	H	W	I	E	Y	O	H	Đ	Z	E	V	K
N	U	E	R	E	L	T	O	N	S	H	D	L	G	Y
K	K	Ž	T	L	J	V	E	A	U	I	Đ	E	A	P
A	O	Z	M	I	K	I	B	G	K	O	L	Z	V	Y
W	M	R	F	A	A	C	Y	I	O	Z	D	J	L	Z
M	O	N	I	Š	R	E	P	R	M	Y	C	W	A	P
A	R	U	O	N	S	I	R	O	K	T	L	V	P	K
Ž	A	K	G	M	I	T	N	A	R	F	A	Š	R	N
U	Č	J	W	W	G	U	I	G	D	U	A	E	E	T
R	K	L	C	W	Y	R	M	U	G	D	Y	G	G	E
A	K	U	L	I	N	A	R	S	K	I	W	V	Z	J
N	J	S	A	S	T	O	J	A	K	D	H	H	C	I
A	R	O	M	A	T	S	K	I	N	N	A	U	A	V
Č	E	Š	N	J	A	K	D	R	A	G	U	L	J	C

AROMATSKI
BOSILJAK
KORISNO
KULINARSKI
KOMORAČ
OKUS
CVIJET
VRT
ČEŠNJAK
ZELEN
SASTOJAK
LAVANDA
MAŽURAN
METVICE
ORIGANO
PERŠIN
BILJKA
RUŽMARIN
ŠAFRAN
DRAGULJ

46 - Vehicles

Č	Z	M	S	J	R	Đ	G	I	S	K	A	T	J	K
A	B	O	M	K	A	N	U	Č	E	P	Đ	H	P	A
M	S	T	R	A	U	T	Z	B	I	P	L	P	G	R
A	D	O	L	L	U	T	S	J	H	O	K	A	R	A
C	S	R	A	V	O	F	E	K	I	D	I	T	V	V
T	R	A	K	T	O	R	P	R	T	M	C	E	A	A
K	A	U	T	O	B	U	S	P	N	O	I	K	U	N
E	L	B	T	S	Y	D	R	G	A	R	B	A	T	O
J	M	J	F	G	Y	S	L	P	P	N	G	R	O	I
A	D	U	H	N	R	G	U	V	O	I	F	T	M	M
R	J	N	G	V	B	K	H	C	M	C	J	Y	O	A
T	Z	Đ	Y	J	B	J	Y	A	O	A	V	Đ	B	K
Z	R	A	K	O	P	L	O	V	Ć	V	M	I	I	C
H	E	L	I	K	O	P	T	E	R	W	R	G	L	C
C	Y	U	H	M	R	N	E	J	O	T	P	C	U	B

ZRAKOPLOV
HITNA POMOĆ
BICIKL
ČAMAC
AUTOBUS
AUTOMOBIL
KARAVAN
TRAJEKT
HELIKOPTER
MOTOR
SPLAV
RAKETA
SKUTER
ČUNAK
PODMORNICA
TAKSI
GUME
TRAKTOR
VLAK
KAMION

47 - Flowers

T	C	Y	N	I	M	S	A	J	F	H	E	A	D	G
S	I	S	N	A	J	I	L	O	N	G	A	M	J	A
R	U	Ž	A	C	R	U	Ž	O	B	C	J	L	E	R
T	G	G	J	I	G	C	E	Đ	O	W	I	G	T	D
U	F	Z	L	Č	D	J	I	W	R	D	R	L	E	E
L	U	B	I	N	R	F	D	S	A	R	E	Z	L	N
I	A	L	J	I	B	I	B	C	C	Y	M	M	I	I
P	I	A	L	T	E	R	K	O	C	N	U	S	N	J
A	U	T	A	A	D	N	A	V	A	L	L	H	A	A
N	M	I	E	R	F	J	Z	M	S	M	P	N	L	E
Z	P	C	C	T	O	R	H	I	D	E	J	A	I	J
B	G	A	H	I	B	I	S	K	U	S	Đ	V	L	W
L	V	C	J	P	T	P	U	H	U	S	M	I	R	C
B	U	K	E	T	M	A	K	N	S	C	W	W	M	Z
M	A	S	L	A	Č	A	K	T	B	B	U	U	F	P

BUKET
DJETELINA
NARCIS
TRATINČICA
MASLAČAK
GARDENIJA
HIBISKUS
JASMIN
LAVANDA
LILA
LJILJAN
MAGNOLIJA
ORHIDEJA
BOŽUR
LATICA
PLUMERIJA
MAK
RUŽA
SUNCOKRET
TULIPAN

48 - Health and Wellness #1

A	B	Y	K	K	Y	I	Y	T	M	O	L	L	O	M
K	L	A	N	A	V	I	K	A	P	P	I	H	Y	R
T	E	I	K	M	I	Š	I	Ć	I	U	J	O	O	E
I	L	E	J	T	Z	W	D	K	D	Š	E	R	U	F
V	T	A	N	E	E	J	I	O	G	T	Č	M	S	L
A	W	N	E	S	Č	R	E	Ž	L	A	E	O	N	E
N	L	I	J	E	K	N	I	A	A	N	N	N	B	K
Ž	V	S	Đ	A	B	S	I	J	D	J	J	I	K	S
A	I	I	I	K	D	N	B	K	E	E	E	U	O	D
K	L	V	Đ	I	L	J	E	K	A	R	N	A	S	Y
S	U	P	C	N	V	I	R	U	S	L	W	V	T	B
K	E	A	J	I	P	A	R	E	T	S	B	W	I	Z
A	G	D	L	L	T	C	U	G	F	O	E	L	O	J
T	Y	J	V	K	C	N	M	D	Z	W	W	S	P	D
H	K	A	E	N	Đ	V	W	T	K	Y	Z	T	M	L

AKTIVAN
BAKTERIJE
KOSTI
KLINIKA
LIJEČNIK
LOM
NAVIKA
VISINA
HORMONI
GLAD

LIJEK
MIŠIĆI
ŽIVCI
LJEKARNA
REFLEKS
OPUŠTANJE
KOŽA
TERAPIJA
LIJEČENJE
VIRUS

49 - Town

S	U	P	E	R	M	A	R	K	E	T	K	Z	K	A
P	H	O	T	E	L	K	J	M	U	N	U	I	Đ	L
S	O	K	L	I	N	I	K	A	A	C	P	T	N	Đ
T	V	H	A	C	I	N	Ž	I	J	N	K	B	L	O
A	O	O	R	S	V	E	U	Č	I	L	I	Š	T	E
D	C	C	A	A	K	U	L	A	N	Č	A	R	Z	T
I	K	N	K	J	N	C	V	J	E	Ć	A	R	T	Š
O	K	N	E	A	J	I	R	E	L	A	G	T	E	I
N	I	N	P	M	A	G	T	M	Đ	L	I	J	Y	L
V	N	O	J	E	Z	U	M	I	R	O	H	U	C	A
Z	E	T	Š	I	Ž	R	T	M	D	K	R	S	B	Z
C	L	S	C	V	Ž	Y	C	Y	N	Š	B	I	S	A
U	O	Y	N	K	V	A	N	R	A	K	E	J	L	K
Z	Z	B	P	K	A	R	R	A	O	P	F	Z	B	D
V	L	J	R	M	E	Z	I	A	K	N	A	B	L	A

ZRAČNA LUKA
PEKARA
BANKA
KNJIŽARA
KINO
KLINIKA
CVJEĆAR
GALERIJA
HOTEL
KNJIŽNICA
TRŽIŠTE
MUZEJ
LJEKARNA
ŠKOLA
STADION
POHRANITI
SUPERMARKET
KAZALIŠTE
SVEUČILIŠTE

50 - Antarctica

G	E	O	G	R	A	F	I	J	A	A	P	I	H	H
H	N	M	V	E	O	D	R	S	I	J	P	C	K	N
O	E	Y	T	B	C	F	N	C	C	I	Š	A	Z	R
F	T	K	O	N	Z	E	R	V	A	C	I	J	A	A
O	K	O	T	O	U	L	O	P	L	A	L	N	L	V
Z	P	I	C	P	M	B	Z	L	B	R	O	E	A	I
Z	A	O	P	I	T	Y	Y	E	O	G	K	D	V	P
R	N	L	N	D	K	I	Đ	D	V	I	O	E	U	Đ
W	G	C	J	T	D	B	C	I	Y	M	T	L	R	E
M	W	M	Đ	E	B	T	N	E	N	I	T	N	O	K
K	U	D	N	E	V	T	S	N	A	N	Z	W	J	V
E	K	S	P	E	D	I	C	I	J	A	N	L	I	O
T	E	M	P	E	R	A	T	U	R	A	B	J	O	D
A	I	S	T	R	A	Ž	I	V	A	Č	D	K	M	A
H	H	P	N	T	O	P	O	G	R	A	F	I	J	A

ZALJEV
PTICE
OBLACI
KONZERVACIJA
KONTINENT
UVALA
OKOLIŠ
EKSPEDICIJA
GEOGRAFIJA
LEDENJACI
LED
OTOCI
MIGRACIJA
POLUOTOK
ISTRAŽIVAČ
ZNANSTVEN
TEMPERATURA
TOPOGRAFIJA
VODA

51 - Ballet

I	Z	R	A	Ž	A	J	A	N	S	G	B	Đ	A	H
P	L	J	E	S	A	K	A	A	F	A	P	V	J	Y
D	K	Z	N	V	T	W	L	B	I	Ć	I	Š	I	M
A	W	G	W	G	V	J	E	Š	T	I	N	A	F	A
G	J	M	U	I	E	J	I	C	K	E	L	U	A	T
S	L	C	S	A	V	S	S	B	N	U	T	E	R	I
T	E	A	M	W	Z	S	T	C	P	Y	M	N	G	R
I	T	S	Z	Đ	T	I	Č	A	S	E	L	P	O	M
L	A	K	I	B	I	N	T	E	N	Z	I	T	E	T
D	D	A	A	N	A	Z	O	I	C	A	R	G	R	R
S	A	R	A	T	S	E	K	R	O	D	Đ	Y	O	E
N	L	P	P	U	B	L	I	K	A	Đ	W	V	K	T
V	K	B	A	L	E	R	I	N	A	U	M	B	B	J
T	S	G	L	D	H	Z	T	T	E	H	N	I	K	A
U	M	J	E	T	N	I	Č	K	I	O	Y	Y	L	O

PLJESAK
UMJETNIČKI
PUBLIKA
BALERINA
KOREOGRAFIJA
SKLADATELJ
PLESAČI
IZRAŽAJAN
GESTA
GRACIOZAN
INTENZITET
LEKCIJE
MIŠIĆI
GLAZBA
ORKESTAR
PRAKSA
RITAM
VJEŠTINA
STIL
TEHNIKA

52 - Human Body

I	S	L	Č	U	L	P	N	M	C	D	C	Đ	E	P
F	W	H	O	E	K	R	V	L	I	M	E	Đ	L	D
N	L	C	E	C	L	Đ	L	A	K	A	T	M	H	T
R	A	M	E	R	Đ	J	B	S	E	F	T	K	M	K
K	K	S	C	S	P	J	U	F	R	K	T	A	O	C
Đ	U	Y	I	O	Đ	K	G	S	R	O	A	T	Z	P
V	R	G	L	E	Ž	A	N	J	T	S	H	M	A	H
W	R	M	A	H	G	L	A	V	A	T	S	U	K	L
H	R	A	R	T	V	B	G	K	S	I	K	N	B	T
Y	H	E	T	C	D	Y	O	P	L	V	O	H	Đ	C
P	R	S	T	J	G	F	N	O	Z	N	L	M	A	R
B	R	A	D	A	Đ	H	O	U	G	R	J	H	U	Z
H	U	R	Đ	Đ	Ž	I	L	H	S	E	E	V	W	Y
J	G	U	Đ	B	N	O	S	O	W	E	N	J	O	M
T	C	E	F	K	Y	N	K	O	N	V	O	L	C	M

GLEŽANJ
KRV
KOSTI
MOZAK
BRADA
UHO
LAKAT
LICE
PRST
RUKA
GLAVA
SRCE
ČELJUST
KOLJENO
NOGA
USTA
VRAT
NOS
RAME
KOŽA

53 - Musical Instruments

B	T	N	H	N	T	A	N	I	L	O	D	N	A	M
E	F	A	T	U	A	L	F	M	G	B	N	S	E	I
N	E	J	M	W	D	U	R	Y	I	O	C	D	U	O
D	K	N	O	B	M	O	R	T	T	A	C	H	H	I
Ž	G	A	F	P	U	F	Y	M	A	T	S	O	A	O
O	Z	B	Z	M	C	R	L	F	R	J	D	L	R	O
N	R	U	D	G	L	I	A	R	A	T	K	E	M	H
K	Z	B	K	E	M	A	B	Š	T	E	E	Č	O	A
Y	A	F	R	A	H	B	U	M	K	N	V	N	N	A
V	D	Đ	A	B	M	I	R	A	M	I	K	O	I	T
T	O	W	S	G	G	U	T	G	P	R	G	L	K	J
Y	I	N	S	N	O	F	O	S	K	A	S	O	A	Đ
K	L	A	V	I	R	T	E	A	B	L	N	I	N	O
U	D	A	R	A	L	J	K	E	P	K	M	V	U	G
T	F	E	I	W	K	P	V	I	O	L	I	N	A	J

BENDŽO
FAGOT
VIOLONČELO
KLARINET
BUBANJ
FLAUTA
GONG
GITARA
HARMONIKA
HARFA
MANDOLINA
MARIMBA
OBOA
UDARALJKE
KLAVIR
SAKSOFON
TAMBURAŠKI
TROMBON
TRUBA
VIOLINA

54 - Fruit

C	V	K	B	G	C	M	O	N	G	D	L	C	A	B
Đ	Z	J	J	H	Y	A	Y	E	J	N	I	I	V	R
I	A	G	Y	A	Č	N	A	R	A	N	M	S	O	E
Y	C	J	A	C	B	S	H	M	V	C	U	K	K	S
M	I	P	L	I	R	U	Đ	G	A	N	N	R	A	K
V	L	L	E	B	D	W	K	K	U	S	H	U	D	V
W	E	Đ	Ž	O	R	G	S	A	G	K	I	Š	O	A
L	R	D	G	B	T	R	E	Š	N	J	A	K	A	Đ
Đ	A	D	B	M	H	N	M	C	E	A	P	A	K	N
M	M	L	I	P	A	S	O	D	A	D	E	J	F	K
Đ	A	Y	V	E	D	N	B	A	N	A	N	A	F	I
N	F	N	U	V	I	F	A	P	I	F	E	P	N	V
T	C	M	G	M	N	V	H	N	L	J	A	A	W	I
Z	F	Z	Đ	O	J	U	S	P	A	Y	P	P	R	N
Z	B	V	S	E	A	V	K	O	M	S	O	K	O	K

JABUKA
MARELICA
AVOKADO
BANANA
BOBICA
TREŠNJA
KOKOS
SMOKVA
GROŽĐE
GUAVA
KIVI
LIMUN
MANGO
DINJA
NARANČA
PAPAJA
BRESKVA
KRUŠKA
ANANAS
MALINA

55 - Engineering

P	O	G	O	N	S	T	A	B	I	L	N	O	S	T
S	T	R	U	K	T	U	R	A	V	A	D	R	P	F
O	F	Đ	R	M	L	B	I	P	O	P	O	B	C	T
T	D	I	J	A	G	R	A	M	M	J	P	C	I	R
L	E	Z	I	D	K	H	H	M	O	O	A	O	I	U
I	J	K	A	J	I	C	U	B	I	R	T	S	I	D
Z	N	B	U	V	D	S	O	H	G	T	U	O	M	N
G	E	O	U	Ć	H	Z	F	M	V	S	K	L	R	R
R	R	E	Đ	V	I	P	R	O	M	J	E	R	H	V
A	E	E	Y	S	Đ	N	U	Č	A	R	Z	I	R	M
D	J	S	G	P	T	J	A	J	I	G	R	E	N	E
N	M	U	N	Z	U	P	Č	A	N	I	C	I	L	V
J	L	K	Y	A	N	I	B	U	D	F	N	U	I	G
A	P	G	M	E	G	U	L	O	P	T	E	V	D	G
Z	N	G	Z	A	V	A	S	Y	W	N	Y	L	Đ	F

KUT
OS
IZRAČUN
IZGRADNJA
DUBINA
DIJAGRAM
PROMJER
DIZEL
DISTRIBUCIJA
ENERGIJA
ZUPČANICI
POLUGE
TEKUĆINA
STROJ
MJERENJE
MOTOR
POGON
STABILNOST
SNAGA
STRUKTURA

56 - Government

M	I	R	N	O	W	J	Z	G	S	D	M	O	H	H
N	G	V	G	E	K	T	L	M	O	U	D	H	G	L
E	S	P	O	M	E	N	I	K	L	V	D	B	C	O
S	N	G	R	A	S	P	R	A	V	A	O	S	W	B
L	A	J	I	C	A	R	K	O	M	E	D	R	K	M
A	R	N	E	Z	A	V	I	S	N	O	S	T	O	I
G	O	K	U	W	P	T	B	Z	D	I	U	E	A	S
A	D	V	A	R	P	O	K	A	L	J	J	T	H	E
N	Y	J	D	T	I	B	V	K	S	I	T	G	T	H
J	U	S	T	A	V	T	S	O	K	A	N	D	E	J
E	D	R	Ž	A	V	A	H	N	R	O	J	C	R	B
G	O	V	T	S	N	A	J	L	V	A	Ž	R	D	Y
P	O	L	I	T	I	K	A	D	O	B	O	L	S	P
G	R	A	Đ	A	N	S	K	I	Đ	S	L	L	T	L
N	V	T	J	K	T	Y	U	R	A	D	U	C	W	O

DRŽAVLJANSTVO
GRAĐANSKI
USTAV
DEMOKRACIJA
RASPRAVA
NESLAGANJE
JEDNAKOST
NEZAVISNOST
SUDSKI
PRAVDA
ZAKON
VOĐA
SLOBODA
SPOMENIK
NAROD
MIRNO
POLITIKA
GOVOR
DRŽAVA
SIMBOL

57 - Science Fiction

P	A	J	I	Z	U	L	I	L	D	I	A	E	R	F
A	J	I	P	O	T	U	K	S	I	A	I	R	V	U
K	I	N	O	Z	F	S	N	H	S	E	Z	S	D	T
B	G	E	E	A	V	I	J	T	T	J	O	N	B	U
A	O	V	T	J	T	K	I	Y	O	Đ	Z	A	E	R
P	L	T	Š	I	L	Đ	G	O	P	O	Y	Č	T	I
L	O	S	I	Z	R	Š	E	F	I	O	N	I	E	S
A	N	N	Č	O	O	N	I	I	J	U	I	T	J	T
N	H	A	O	L	B	Y	K	M	A	W	R	S	I	I
E	E	J	R	P	O	N	S	E	A	R	T	A	V	Č
T	T	A	O	S	T	J	M	Y	M	Z	I	T	S	K
A	I	T	R	K	I	A	O	N	E	F	U	N	W	I
R	N	Y	P	E	V	B	T	S	O	N	J	A	R	K
R	O	A	J	I	S	K	A	L	A	G	U	F	A	L
K	E	M	I	K	A	L	I	J	E	E	K	A	R	M

ATOMSKI
KNJIGE
KEMIKALIJE
KINO
DISTOPIJA
EKSPLOZIJA
KRAJNOST
FANTASTIČAN
VATRA
FUTURISTIČKI
GALAKSIJA
ILUZIJA
ZAMIŠLJEN
TAJANSTVENI
PROROČIŠTE
PLANETA
ROBOTI
TEHNOLOGIJA
UTOPIJA
SVIJET

58 - Geometry

S	Z	S	P	V	I	S	I	N	A	I	O	R	C	M
M	A	P	E	R	Đ	I	G	V	D	Z	P	E	I	E
J	O	K	T	G	O	A	N	I	Š	R	V	O	P	D
V	T	G	V	U	M	P	B	P	O	A	B	Đ	D	I
J	O	N	J	R	Y	E	O	B	F	Č	M	O	I	J
E	N	D	C	K	E	N	N	R	B	U	B	O	M	A
D	L	K	O	A	Đ	N	R	T	C	N	P	S	E	N
N	E	R	K	R	Đ	L	K	K	L	I	Y	F	N	F
A	L	I	B	E	A	K	I	G	O	L	J	Z	Z	K
D	A	V	L	J	J	V	U	T	V	R	O	A	I	I
Ž	R	U	K	M	I	J	A	S	A	M	R	S	J	I
B	A	L	G	O	R	G	N	N	F	B	B	H	A	K
A	P	J	F	R	O	S	I	M	E	T	R	I	J	A
Y	T	A	Y	P	E	Y	E	A	T	U	K	O	R	T
G	P	Đ	Y	Z	T	D	L	M	Z	K	I	Y	Z	V

KUT
IZRAČUN
KRUG
KRIVULJA
PROMJER
DIMENZIJA
JEDNADŽBA
VISINA
VODORAVAN
LOGIKA
MASA
MEDIJAN
BROJ
PARALELNO
PROPORCIJA
SEGMENT
POVRŠINA
SIMETRIJA
TEORIJA
TROKUT

59 - Creativity

I	N	V	E	N	T	I	V	N	I	Z	F	K	F	Y
P	T	O	S	M	U	M	J	E	T	N	I	Č	K	I
N	S	I	D	P	I	N	T	E	N	Z	I	T	E	T
A	A	U	U	E	O	E	M	O	C	I	J	E	Z	O
U	J	Č	U	C	V	N	I	Y	Z	V	F	D	V	S
T	I	S	I	A	N	I	T	Š	E	J	V	O	A	J
E	C	M	S	T	B	Z	O	A	V	I	R	J	R	E
N	A	A	C	R	A	N	F	V	N	L	I	A	C	Ć
T	R	Š	N	M	Z	M	F	G	P	O	Y	M	J	A
I	I	T	Đ	E	H	G	A	Ć	O	N	S	A	J	J
Č	P	A	S	A	B	M	B	R	I	I	Z	R	A	Z
N	S	F	M	L	T	S	O	N	D	I	U	L	F	H
O	N	F	G	A	I	Y	B	M	E	M	D	M	L	I
S	I	Y	B	C	C	K	W	M	J	J	L	P	Đ	L
T	V	I	Z	I	J	E	A	O	E	M	F	S	U	P

UMJETNIČKI
AUTENTIČNOST
JASNOĆA
DRAMATIČAN
EMOCIJE
IZRAZ
FLUIDNOST
IDEJE
SLIKA
MAŠTA
DOJAM
INSPIRACIJA
INTENZITET
INVENTIVNI
OSJEĆAJ
VJEŠTINA
SPONTANO
VIZIJE

60 - Airplanes

P	Y	V	Z	J	U	B	K	H	A	N	I	S	I	V
Đ	I	O	S	L	N	J	A	Z	I	D	Z	L	T	A
C	B	L	B	G	R	P	R	L	R	D	G	I	U	S
R	A	R	O	T	O	M	Z	I	O	U	R	J	R	E
Y	P	M	B	T	W	O	T	R	A	N	A	E	B	E
K	Z	E	E	O	M	M	R	E	G	C	D	T	U	N
A	V	A	N	T	U	R	A	L	O	R	N	A	L	S
Z	D	A	T	M	O	S	F	E	R	A	J	N	E	M
A	H	A	Đ	E	W	U	O	P	S	B	A	J	N	J
L	D	T	S	E	J	I	V	O	P	W	R	E	C	O
I	E	P	J	O	O	V	I	R	O	G	Y	Y	I	V
S	B	E	T	A	P	S	O	P	K	W	U	H	J	T
I	G	P	U	T	N	I	K	I	D	O	V	J	A	V
V	E	C	Y	E	H	Z	W	O	C	S	Đ	T	W	N
P	S	M	J	E	R	O	S	N	Z	H	F	Đ	N	F

AVANTURA
ZRAK
ATMOSFERA
BALON
IZGRADNJA
POSADA
SILAZAK
DIZAJN
SMJER
MOTOR
GORIVO
VISINA
POVIJEST
VODIK
SLIJETANJE
PUTNIK
PILOT
PROPELERI
NEBO
TURBULENCIJA

61 - Ocean

V	A	R	D	K	S	P	Đ	S	P	R	D	E	Z	B
A	J	U	L	O	Y	C	L	W	F	R	A	O	P	H
L	Z	K	W	R	P	S	T	I	S	P	U	Ž	V	A
O	L	J	I	N	I	P	U	D	M	N	O	C	P	C
V	J	Z	P	J	Š	M	N	J	P	E	G	L	A	I
I	C	U	N	A	H	K	A	R	S	B	J	M	Z	N
S	S	M	L	Č	R	S	A	F	U	E	E	G	U	T
U	T	S	P	A	T	Z	W	M	L	R	G	F	D	O
K	A	M	E	N	I	C	A	W	P	G	U	O	E	B
R	J	D	P	K	K	O	J	L	O	I	L	A	M	O
V	L	J	V	Y	R	F	G	K	W	A	J	A	C	H
L	A	K	Z	F	G	T	Y	Z	J	O	A	K	O	B
Đ	R	F	W	N	T	I	H	K	F	L	S	I	G	I
Đ	O	M	O	R	S	K	I	P	A	S	D	O	I	C
G	K	F	W	R	C	L	D	M	R	I	B	A	L	G

KORALJA
RAK
DUPIN
JEGULJA
RIBA
MEDUZA
HOBOTNICA
KAMENICA
GREBEN
SOL

ALGE
MORSKI PAS
ŠKAMPI
SPUŽVA
OLUJA
PLIME
TUNA
KORNJAČA
VALOVI
KIT

62 - Force and Gravity

F	T	E	Ž	I	N	A	U	E	Đ	P	T	B	U	P
I	C	D	U	M	N	J	D	R	P	R	R	P	N	L
Z	E	I	Y	H	F	Z	A	B	F	O	E	U	I	A
I	N	N	A	T	I	B	R	O	T	Š	N	S	V	N
K	T	A	N	O	R	Đ	A	F	S	I	J	V	E	E
A	A	M	I	M	T	A	C	O	N	R	E	O	R	T
Đ	R	I	Z	A	T	K	D	R	T	E	N	J	Z	E
F	Y	Č	R	Z	C	V	R	T	B	N	V	S	A	Z
G	K	A	B	I	N	D	M	I	D	J	H	T	L	C
O	A	N	H	T	B	L	P	M	Ć	E	G	V	A	M
V	R	I	J	E	M	E	E	G	M	E	C	A	N	N
L	A	M	V	N	U	D	A	L	J	E	N	O	S	T
F	Y	Y	E	G	P	R	I	T	I	S	A	K	D	Y
B	K	J	P	A	F	P	O	K	R	E	T	K	D	G
P	A	C	G	M	M	E	H	A	N	I	K	A	G	B

OS
CENTAR
OTKRIĆE
UDALJENOST
DINAMIČAN
PROŠIRENJE
TRENJE
UDARAC
MAGNETIZAM
MEHANIKA
POKRET
ORBITA
FIZIKA
PLANETE
PRITISAK
SVOJSTVA
BRZINA
VRIJEME
UNIVERZALAN
TEŽINA

63 - Birds

W	W	N	O	M	E	Y	Z	J	D	V	V	N	J	A
T	T	A	R	R	J	S	P	S	F	S	R	F	M	K
U	N	C	O	C	A	N	I	R	A	N	A	K	B	A
D	D	U	D	K	J	O	K	C	E	U	N	P	G	B
G	C	O	A	P	P	A	P	I	G	A	A	E	V	G
P	A	T	K	A	A	D	C	N	A	J	D	L	T	M
G	B	E	L	A	G	U	J	I	T	L	M	I	F	F
U	A	N	N	D	R	B	N	V	V	P	W	K	V	L
S	R	Y	U	K	O	A	I	G	F	A	U	A	W	A
K	V	K	U	G	I	L	P	N	Y	Č	K	N	N	M
A	J	B	F	V	D	D	D	I	G	A	L	U	F	I
P	I	L	E	T	I	N	A	P	Đ	C	U	J	K	N
A	G	I	F	B	A	B	S	E	J	C	K	L	M	G
F	S	Z	P	J	Z	D	Y	O	O	E	S	I	K	O
N	O	J	D	R	H	W	V	L	U	A	A	D	R	V

KANARINAC
PILETINA
VRANA
KUKAVICA
PATKA
ORAO
JAJE
FLAMINGO
GUSKA
GALEB
ČAPLJA
NOJ
PAPIGA
PAUN
PELIKAN
PINGVIN
VRABAC
RODA
LABUD
TOUCAN

64 - Nutrition

T	U	H	R	A	N	L	J	I	V	N	D	J	U	H
E	Y	R	K	V	A	L	I	T	E	T	A	E	E	H
K	V	G	A	K	A	L	O	R	I	J	E	S	I	S
U	T	R	T	V	A	R	D	Z	R	E	U	T	E	Z
Ć	E	J	E	F	N	S	E	R	F	A	W	I	I	Y
I	Ž	U	J	L	F	O	I	Đ	F	P	D	V	N	I
N	I	L	I	S	A	E	T	A	V	A	B	O	R	P
E	N	E	D	D	A	Y	I	E	D	M	P	P	V	J
V	A	J	K	R	M	A	T	J	Ž	W	F	R	I	U
W	Z	L	C	C	B	K	E	N	T	E	G	O	T	U
N	A	V	I	K	E	Đ	P	E	O	A	N	T	A	M
P	F	A	A	A	O	H	A	R	K	L	P	E	M	A
I	V	R	F	R	U	K	H	V	S	R	Z	I	I	K
P	G	D	Z	O	E	L	U	B	I	O	U	N	N	Đ
U	F	Z	Đ	G	O	P	F	S	N	J	E	I	J	K

APETIT
URAVNOTEŽEN
GORAK
KALORIJE
DIJETA
PROBAVA
JESTIVO
VRENJE
OKUS
NAVIKE
ZDRAVLJE
ZDRAV
TEKUĆINE
HRANLJIV
PROTEINI
KVALITETA
UMAK
TOKSIN
VITAMIN
TEŽINA

65 - Hiking

B	Đ	Y	G	I	P	R	I	R	O	D	A	K	K	F
Z	O	R	I	J	E	N	T	A	C	I	J	A	K	G
G	Đ	P	O	Č	O	L	I	T	I	C	A	N	O	C
E	J	N	A	R	I	P	M	A	K	F	T	I	M	A
Ž	S	O	C	T	J	D	A	D	O	V	R	N	A	U
I	B	E	K	Đ	L	R	O	S	V	T	A	A	R	M
V	S	Z	L	K	V	Z	S	V	N	Z	K	L	C	O
O	L	I	I	V	I	Z	M	Z	L	O	N	P	I	R
T	B	V	M	D	D	N	H	E	D	A	S	U	U	N
I	W	E	A	P	A	R	K	O	V	I	J	T	S	I
N	P	R	I	P	R	E	M	A	E	A	R	K	I	N
J	Y	Y	U	W	D	C	C	K	A	M	E	N	J	E
E	M	V	U	I	D	N	W	Š	F	B	Z	D	G	L
M	C	F	G	F	R	U	S	E	Y	S	H	I	U	O
S	I	U	F	I	U	S	G	T	J	L	B	U	Č	C

ŽIVOTINJE
ČIZME
KAMPIRANJE
LITICA
KLIMA
VODIČI
OPASNOSTI
TEŠKA
KARTA
KOMARCI
PLANINA
PRIRODA
ORIJENTACIJA
PARKOVI
PRIPREMA
KAMENJE
SUNCE
UMORNI
VODA
DIVLJI

66 - Professions #1

Z	N	A	N	S	T	V	E	N	I	K	V	I	D	E
V	U	A	S	T	R	O	N	O	M	N	U	O	Z	V
A	R	A	K	N	A	B	U	F	L	O	T	E	V	A
E	E	G	A	I	U	D	I	H	K	G	E	Y	B	Z
B	D	C	A	C	I	Č	A	S	E	L	P	F	K	G
W	N	J	V	D	I	Đ	W	B	R	A	T	A	L	Z
W	I	Đ	Z	G	R	E	G	R	C	Z	S	R	G	L
P	K	R	F	G	E	O	L	O	G	B	I	G	K	I
M	S	Đ	I	A	N	Đ	H	D	K	E	N	O	R	J
R	O	I	F	U	E	U	G	A	O	N	A	T	O	E
N	H	R	H	B	R	G	V	S	K	I	J	R	J	Č
A	P	M	N	O	T	F	K	A	G	K	I	A	A	N
H	U	R	V	A	L	B	C	B	I	Đ	P	K	Č	I
S	C	Y	Đ	G	R	O	K	M	D	I	N	R	I	K
V	Đ	F	D	Đ	K	Đ	G	A	J	L	O	V	A	C

AMBASADOR
ASTRONOM
BANKAR
KARTOGRAF
TRENER
PLESAČICA
LIJEČNIK
UREDNIK
GEOLOG
LOVAC
ZLATAR
GLAZBENIK
PIJANIST
PSIHOLOG
MORNAR
ZNANSTVENIK
KROJAČ

67 - Barbecues

N	Z	T	P	Đ	I	P	B	L	B	D	C	R	K	P
T	N	Y	E	Ć	U	R	V	F	E	I	H	T	Đ	O
J	O	U	C	M	P	I	V	E	Ž	O	N	R	G	V
P	Y	J	A	C	E	J	D	O	O	K	E	W	N	R
W	O	Z	P	F	C	A	N	I	T	E	L	I	P	Ć
Đ	A	O	J	L	I	T	Š	O	R	E	Ć	O	V	E
H	F	T	I	O	L	E	R	G	I	C	J	E	T	Đ
U	R	D	H	S	I	L	V	M	O	I	C	L	L	K
H	V	A	V	W	V	J	S	C	Y	Č	U	A	Z	K
J	B	L	N	C	T	I	Z	N	L	J	N	B	I	N
N	Đ	G	E	A	U	E	A	B	Z	A	L	G	V	G
V	E	Č	E	R	A	M	T	Z	N	R	T	G	Đ	J
S	A	L	A	T	E	L	A	O	B	I	T	E	L	J
N	U	L	I	O	Đ	K	P	K	J	D	M	W	F	J
I	F	G	K	Đ	L	W	O	R	H	D	M	F	S	B

PILETINA
DJECA
VEČERA
OBITELJ
HRANA
VILICE
PRIJATELJI
VOĆE
IGRE
ROŠTILJ
VRUĆE
GLAD
NOŽEVI
GLAZBA
SALATE
SOL
UMAK
LJETO
RAJČICE
POVRĆE

68 - Chocolate

E	G	Z	O	T	I	Č	N	O	Y	L	E	L	T	Đ
K	A	R	O	G	M	I	R	S	A	L	U	H	K	O
M	A	P	L	Z	O	I	K	I	R	I	K	I	K	K
D	J	K	U	K	U	S	N	O	N	D	U	S	S	A
H	H	O	A	H	M	K	A	J	O	T	S	A	S	R
A	F	Z	A	O	A	R	Đ	G	B	Z	O	O	E	A
K	V	A	L	I	T	E	T	A	M	A	K	Đ	N	M
A	P	K	M	Đ	E	Ć	U	R	O	N	O	P	M	E
P	R	K	A	R	B	E	I	E	B	A	K	A	I	L
E	Đ	O	V	L	O	Š	O	C	K	T	T	M	T	A
S	M	C	M	U	O	A	P	E	F	S	T	K	C	A
O	T	U	H	A	B	R	J	P	J	K	C	Z	W	E
B	F	Đ	E	A	J	Y	I	T	O	I	T	S	E	J
O	K	U	S	H	I	N	E	J	L	I	M	O	I	A
O	G	V	S	L	A	T	K	O	E	W	G	M	A	M

AROMA
ZANATSKI
GORAK
KAKAO
KALORIJE
BOMBON
KARAMELA
KOKOS
UKUSNO
EGZOTIČNO
OMILJENI
OKUS
SASTOJAK
KIKIRIKI
KVALITETA
RECEPT
ŠEĆER
SLATKO
UKUS
JESTI

69 - Vegetables

S	W	E	P	P	G	H	G	D	D	R	N	Z	N	B
K	A	J	N	Š	E	Č	J	G	L	J	I	V	A	U
U	L	L	R	O	T	K	V	I	C	A	Š	L	Ž	N
R	U	O	A	K	O	Č	I	T	R	A	R	U	D	D
A	K	H	L	T	A	N	I	P	Š	M	E	K	I	E
J	O	C	A	V	A	T	S	A	R	K	P	L	L	V
Č	R	M	R	K	V	A	P	E	R	C	F	N	T	A
I	B	B	Y	K	D	M	I	P	P	G	E	O	A	F
C	Đ	L	U	K	K	O	Z	J	A	K	F	L	P	Y
A	S	U	B	O	E	J	G	E	F	A	U	O	E	B
M	C	C	M	L	H	Đ	A	M	W	Š	C	I	Z	R
R	W	J	F	B	K	E	J	N	A	A	R	F	F	A
E	J	Z	L	K	I	Đ	Y	N	B	R	U	R	R	Z
H	J	L	B	E	L	R	Đ	U	C	G	N	A	C	L
H	H	R	I	K	J	U	I	D	H	P	T	K	T	M

ARTIČOKA
BROKULA
MRKVA
KARFIOL
CELER
KRASTAVAC
PATLIDŽAN
ČEŠNJAK
ĐUMBIR
GLJIVA
LUK
PERŠIN
GRAŠAK
BUNDEVA
ROTKVICA
SALATA
LUK KOZJAK
ŠPINAT
RAJČICA
REPA

70 - The Media

Z	W	I	O	M	R	V	I	V	O	V	A	T	S	L
L	I	I	F	R	M	W	F	Z	L	P	T	O	L	O
E	C	I	N	E	J	N	I	Č	D	H	O	D	E	K
B	N	Z	I	Ž	W	A	I	G	I	A	F	L	S	A
K	E	V	P	A	J	R	V	C	Z	E	N	E	D	L
I	I	J	T	Y	O	N	E	N	Y	E	H	J	A	N
J	N	C	O	Z	N	O	P	Đ	O	E	O	N	E	I
I	L	D	N	R	E	V	A	A	U	S	D	E	G	S
N	A	K	U	V	Z	I	U	V	W	B	T	J	I	I
I	T	C	T	S	T	N	U	C	J	I	T	L	S	P
L	I	D	Z	K	T	E	M	S	H	J	Y	Š	I	O
A	G	E	J	N	A	R	I	C	N	A	N	I	F	S
N	I	D	S	Y	D	R	I	M	M	G	R	M	H	A
U	D	K	C	Đ	Z	L	P	J	S	H	Z	P	U	Č
T	R	G	O	V	A	Č	K	I	A	S	L	I	K	E

STAVOVI
TRGOVAČKI
DIGITALNI
IZDANJE
ČINJENICE
FINANCIRANJE
SLIKE
INDUSTRIJA

LOKALNI
ČASOPISI
MREŽA
NOVINE
NA LINIJI
MIŠLJENJE
JAVNOST

71 - Boats

V	Đ	Z	M	G	A	R	O	T	O	M	J	Đ	I	P
M	P	J	O	I	C	I	I	L	B	N	E	Ž	U	O
S	E	C	R	T	I	J	R	W	C	L	Z	H	G	M
Y	V	S	E	A	L	E	F	F	S	M	E	I	Y	O
S	V	W	U	V	I	K	V	O	D	P	R	H	L	R
M	O	R	N	A	R	A	P	C	F	W	O	G	F	S
V	R	Y	A	L	D	T	K	E	J	A	R	T	K	K
N	D	G	K	P	E	A	O	A	M	I	L	P	A	I
W	I	Y	Đ	S	J	L	S	N	T	T	D	Z	J	C
M	S	F	U	C	H	J	L	O	B	R	A	J	A	L
J	W	I	B	D	J	A	I	S	P	V	I	D	K	M
E	A	P	L	U	T	A	Č	A	T	A	E	K	A	P
I	K	H	F	P	R	I	S	T	A	N	I	Š	T	E
K	H	B	T	W	B	E	C	G	H	T	V	T	O	C
F	Y	H	Đ	A	H	G	R	W	J	S	N	U	S	N

SIDRO
PLUTAČA
KANU
POSADA
PRISTANIŠTE
MOTOR
TRAJEKT
KAJAK
JEZERO
JARBOL
POMORSKI
OCEAN
SPLAV
RIJEKA
UŽE
JEDRILICA
MORNAR
MORE
PLIMA
JAHTA

72 - Driving

O	L	S	K	F	A	N	I	Z	R	B	K	O	Z	J
P	E	G	P	U	P	T	E	M	O	R	P	L	L	Đ
A	U	K	U	H	P	H	V	S	F	P	K	D	T	B
S	C	S	F	T	T	S	O	N	R	U	G	I	S	I
N	E	P	J	E	Š	A	K	D	O	E	L	N	T	A
O	V	I	R	O	G	W	O	C	Đ	U	Ć	T	P	U
S	S	J	W	H	L	S	A	G	W	I	Z	A	I	T
T	N	P	N	E	K	S	Y	G	A	T	S	E	C	O
P	O	L	I	C	I	J	A	D	T	R	Č	Đ	D	M
M	I	E	L	I	C	D	C	F	R	N	A	T	Đ	O
D	M	N	P	N	O	N	N	C	A	M	Z	Ž	D	B
Đ	A	U	I	Č	T	Y	E	O	K	Đ	O	O	A	I
D	K	T	P	O	O	G	C	G	A	Y	V	T	D	L
V	A	Z	B	K	M	C	I	O	N	E	S	M	O	V
L	I	R	I	N	B	O	L	G	J	P	K	A	U	R

NESREĆA
KOČNICE
AUTOMOBIL
OPASNOST
VOZAČ
GORIVO
GARAŽA
PLIN
LICENCA
KARTA
MOTOR
MOTOCIKL
PJEŠAK
POLICIJA
CESTA
SIGURNOST
BRZINA
PROMET
KAMION
TUNEL

73 - Biology

Ć	B	J	E	L	A	N	Č	E	V	I	N	A	Y	O
J	E	J	I	R	E	T	K	A	B	Đ	H	U	Z	S
P	K	L	L	W	N	V	L	E	W	C	M	R	B	M
C	R	F	I	M	U	T	A	C	I	J	A	V	L	O
S	O	O	S	J	C	D	J	F	F	Y	Đ	V	H	Z
H	M	T	I	E	A	J	I	R	B	M	E	T	I	A
O	O	O	N	T	Z	A	M	G	E	G	O	C	K	Ž
R	S	S	A	B	O	I	O	N	E	U	R	O	N	J
M	O	I	P	I	I	C	T	R	C	A	E	E	I	S
O	M	N	S	Z	B	D	A	N	E	G	A	L	O	K
N	M	T	A	K	M	T	N	V	E	N	Z	I	M	F
S	Đ	E	I	H	I	V	A	I	A	H	H	L	K	H
T	F	Z	Y	O	S	T	O	C	P	S	P	A	V	J
H	I	A	J	I	C	U	L	O	V	E	I	N	B	D
P	R	I	R	O	D	N	O	I	I	V	A	S	A	H

ANATOMIJA
BAKTERIJE
ĆELIJA
KROMOSOM
KOLAGENA
EMBRIJA
ENZIM
EVOLUCIJA
HORMON
SISAVAC
MUTACIJA
PRIRODNO
ŽIVAC
NEURON
OSMOZA
FOTOSINTEZA
BJELANČEVINA
GMAZ
SIMBIOZA
SINAPSA

74 - Professions #2

V	T	F	Č	H	Z	Z	H	N	J	H	K	O	A	S
N	V	I	A	G	O	F	U	I	K	K	N	Y	S	J
O	R	L	V	R	O	O	K	B	P	M	J	V	T	E
V	N	O	I	O	L	T	G	U	A	Y	I	F	R	Z
I	L	Z	Ž	T	O	O	T	R	V	R	Ž	U	O	I
N	I	O	A	A	G	G	V	L	R	E	N	J	N	K
A	J	F	R	R	M	R	I	F	T	A	I	L	A	O
R	E	K	T	T	R	A	K	I	L	S	Č	E	U	S
E	Č	P	S	S	G	F	W	E	A	W	A	T	T	L
J	N	C	I	U	O	O	U	G	R	U	R	I	K	O
N	I	A	M	L	L	K	D	I	R	S	H	M	O	V
E	K	Đ	L	I	O	T	B	L	M	C	I	U	T	A
Ž	A	K	K	V	I	T	K	E	T	E	D	Z	Z	C
N	D	O	Y	P	B	A	W	J	L	R	E	I	Đ	R
I	U	Č	I	T	E	L	J	L	R	Đ	K	Y	A	E

ASTRONAUT
BIOLOG
ZUBAR
DETEKTIV
INŽENJER
VRTLAR
ILUSTRATOR
IZUMITELJ
NOVINAR
KNJIŽNIČAR
JEZIKOSLOVAC
SLIKAR
FILOZOF
FOTOGRAF
LIJEČNIK
PILOT
ISTRAŽIVAČ
KIRURG
UČITELJ
ZOOLOG

75 - Mythology

S	U	Z	K	U	L	T	U	R	A	J	L	L	I	I
T	S	O	N	T	R	M	S	E	B	U	A	H	E	P
V	S	A	C	R	D	P	P	R	C	N	B	Y	S	O
A	R	O	M	O	B	U	J	L	T	A	I	G	V	N
R	A	F	O	R	T	S	A	T	A	K	R	U	Y	A
A	V	T	S	N	A	Ž	O	B	V	M	I	G	W	Š
N	Č	V	G	Y	G	O	O	R	S	G	N	K	S	A
J	O	U	U	F	Y	L	B	F	D	F	T	C	T	N
E	S	S	D	A	J	N	E	R	E	J	V	U	V	J
V	M	G	Z	O	R	K	N	G	R	A	R	O	O	E
M	R	T	I	Y	V	A	U	P	E	J	U	E	R	Đ
A	T	E	V	S	O	I	T	M	D	N	A	N	E	I
N	N	K	U	P	L	V	Š	N	G	U	D	T	N	W
B	I	K	T	Đ	I	Y	V	T	I	M	T	A	J	N
B	K	A	R	H	E	T	I	P	E	K	P	W	E	S

ARHETIP
PONAŠANJE
UVJERENJA
STVARANJE
STVORENJE
KULTURA
BOŽANSTVA
KATASTROFA
NEBO
JUNAK
BESMRTNOST
LJUBOMORA
LABIRINT
LEGENDA
MUNJA
ČUDOVIŠTE
SMRTNIK
OSVETA
RATNIK

76 - Agronomy

P	F	A	G	H	J	S	I	T	S	E	L	O	B	W
E	O	K	S	O	E	S	O	S	T	U	D	I	J	A
K	N	L	B	O	F	L	K	A	S	W	Z	G	T	P
I	T	E	J	Đ	P	M	O	R	O	V	A	N	N	R
G	L	K	R	O	P	P	L	V	N	N	G	O	R	O
J	O	C	V	G	P	S	I	E	A	Z	A	J	S	I
O	P	R	K	P	I	R	Š	T	N	J	Đ	I	J	Z
A	O	B	G	T	P	J	I	S	Z	A	E	V	E	V
L	V	I	K	A	Y	U	A	V	U	E	N	O	M	O
C	R	L	Y	D	N	U	J	T	R	J	J	B	E	D
R	Ć	J	K	O	I	S	F	G	T	E	E	P	N	N
B	E	E	O	V	R	P	K	C	A	B	D	O	K	J
E	R	O	Z	I	J	A	C	I	V	T	N	A	E	A
E	K	O	L	O	G	I	J	A	N	A	R	H	S	K
S	U	S	T	A	V	I	H	M	V	J	D	W	A	V

POLJOPRIVREDA
BOLESTI
EKOLOGIJA
ENERGIJA
OKOLIŠ
EROZIJA
GNOJIVO
HRANA
RAST
ORGANSKI
BILJE
ZAGAĐENJE
PROIZVODNJA
SEOSKO
ZNANOST
SJEMENKE
STUDIJA
SUSTAVI
POVRĆE
VODA

77 - Hair Types

R	H	Ć	S	I	V	A	R	V	K	G	U	G	P	R
U	B	L	E	U	S	K	K	D	T	P	V	L	L	M
Z	Đ	I	I	L	Z	D	R	A	V	E	P	S	E	F
T	Z	A	J	A	A	Š	U	V	A	L	P	U	T	E
P	K	T	Z	E	I	V	S	K	N	H	U	H	E	H
U	A	I	M	K	L	B	M	Đ	E	B	K	O	N	D
K	O	V	R	Č	E	I	E	W	T	V	O	D	I	U
P	R	O	J	Z	P	B	Đ	G	E	D	V	W	C	G
K	B	L	S	F	D	Đ	F	Đ	L	P	R	S	E	O
R	E	A	N	F	B	Đ	Y	H	P	S	Č	B	P	L
A	R	V	A	C	D	M	N	W	J	N	A	K	E	M
T	S	B	R	P	R	B	Z	Y	E	I	V	J	I	B
A	T	A	N	A	K	N	T	V	C	M	A	R	F	O
K	F	C	P	O	D	N	A	J	A	J	S	B	V	V
Y	Y	G	A	D	E	B	E	O	L	K	Z	N	P	O

ĆELAV
CRNA
PLAVUŠA
PLETENA
PLETENICE
SMEĐ
KOVRČE
KOVRČAVA
SUHO
SIVA
ZDRAV
DUGO
SJAJAN
KRATAK
SREBRO
MEKAN
DEBEO
TANAK
VALOVITA
BIJELI

78 - Garden

K	O	J	F	B	E	O	S	T	Y	W	C	W	A	O
G	O	E	L	B	P	S	B	M	T	M	C	D	V	G
G	F	R	Đ	Y	T	P	O	N	N	E	A	C	T	R
L	B	W	O	Z	A	Ć	E	S	I	V	R	W	N	A
V	U	G	L	V	V	D	K	C	L	A	J	A	A	D
E	E	J	L	B	A	R	G	L	O	L	Đ	Z	S	A
G	K	P	Đ	L	R	A	T	A	P	O	L	O	R	A
T	Đ	L	G	F	T	Y	E	Ž	M	K	U	L	R	C
R	I	B	N	J	A	K	J	A	A	L	V	A	Y	R
T	R	I	J	E	M	R	I	R	R	U	O	B	G	I
T	V	K	A	G	W	G	V	A	T	P	Ć	A	Y	J
G	P	U	D	J	W	J	C	G	B	A	N	V	K	E
D	R	V	O	I	B	G	R	M	I	O	J	N	A	V
C	D	S	T	R	A	V	N	J	A	K	A	J	A	O
J	G	W	W	J	Z	B	A	Z	W	Y	K	P	T	O

KLUPA
GRM
OGRADA
CVIJET
GARAŽA
VRT
TRAVA
VISEĆA
CRIJEVO
TRAVNJAK
VOĆNJAK
RIBNJAK
TRIJEM
GRABLJE
LOPATA
TERASA
TRAMPOLIN
DRVO
LOZA
KOROV

79 - Diplomacy

W	I	E	K	I	N	T	E	J	V	A	S	R	A	Z
A	K	B	E	O	S	N	Z	F	C	F	I	K	M	A
G	B	O	S	V	N	V	R	O	V	O	G	U	B	J
I	W	I	N	R	A	T	I	N	A	M	U	H	A	E
N	Z	S	R	I	K	S	N	A	Đ	A	R	G	S	D
A	G	B	F	A	K	U	L	D	O	D	N	A	A	N
R	A	V	A	R	P	S	A	R	Z	V	O	K	D	I
T	E	T	I	R	G	E	T	N	I	A	S	I	O	C
S	B	H	H	B	U	G	E	A	M	R	T	T	R	A
K	U	I	R	P	W	A	R	T	M	P	E	I	E	S
S	U	R	A	D	N	J	A	A	I	O	D	L	Z	U
V	L	A	D	A	A	H	B	M	Đ	K	L	O	K	K
R	J	E	Š	E	N	J	E	F	F	A	A	P	F	O
W	B	D	Z	D	W	Y	L	B	F	W	N	C	I	B
M	Đ	Z	L	Z	T	C	U	S	V	J	N	I	D	D

SAVJETNIK
AMBASADOR
GRAĐANI
GRAĐANSKI
ZAJEDNICA
SUKOB
SURADNJA
DIPLOMATSKI
RASPRAVA
ETIKA
STRANI
VLADA
HUMANITARNI
INTEGRITET
PRAVDA
POLITIKA
ODLUKA
SIGURNOST
RJEŠENJE
UGOVOR

80 - Countries #1

V	P	I	O	Z	W	K	A	P	R	V	I	Š	Z	M
I	I	O	L	Y	T	B	R	A	U	J	Z	P	C	D
J	W	K	L	I	R	M	R	N	M	S	R	A	F	K
E	Z	O	A	J	R	F	G	A	U	B	A	N	L	H
T	U	R	G	Y	S	A	K	M	N	N	E	J	F	G
N	K	A	E	L	B	K	K	A	J	O	L	O	I	O
A	V	M	N	U	G	V	A	V	S	R	N	L	N	J
M	A	Y	E	Y	W	Z	F	E	K	V	K	S	S	R
L	J	Z	S	Y	K	Đ	M	M	A	E	L	K	K	N
N	I	K	A	R	A	G	V	A	U	Š	S	A	A	H
Y	L	L	A	T	V	I	J	A	D	K	A	Đ	M	C
S	A	J	I	B	I	L	A	K	Č	A	M	E	J	N
R	T	V	E	N	E	Z	U	E	L	A	N	U	G	F
L	I	Z	A	R	B	E	G	I	P	A	T	A	N	I
J	G	Z	F	D	U	C	S	Z	L	E	Đ	T	K	B

BRAZIL
KANADA
EGIPAT
FINSKA
NJEMAČKA
IRAK
IZRAEL
ITALIJA
LATVIJA
LIBIJA
MAROKO
NIKARAGVA
NORVEŠKA
PANAMA
POLJSKA
RUMUNJSKA
SENEGAL
ŠPANJOLSKA
VENEZUELA
VIJETNAM

81 - Immigration

Č	T	V	U	V	P	M	U	K	S	T	R	E	S	R
O	A	M	R	V	Z	E	P	O	F	D	S	V	J	B
D	T	S	E	L	A	C	R	M	R	B	P	A	C	U
R	Z	Y	N	J	U	I	A	U	Đ	N	I	J	W	Y
A	V	Đ	O	I	N	N	V	N	J	E	Z	I	K	A
S	L	M	K	G	K	A	A	I	P	R	O	C	E	S
L	T	F	A	L	O	R	R	K	V	G	D	A	T	Z
I	K	S	Z	T	W	G	I	A	K	Y	Đ	U	L	A
K	U	Ć	I	Š	T	E	U	C	V	Đ	P	T	G	Š
R	J	E	Š	E	N	J	E	I	P	O	P	I	D	T
D	J	E	C	A	J	N	K	J	U	O	G	S	F	I
J	R	V	Đ	N	E	J	M	A	C	O	M	E	N	T
O	D	O	B	R	E	N	J	E	N	T	K	O	R	A
F	I	N	A	N	C	I	R	A	N	J	E	D	Ć	P
Đ	E	U	O	D	O	K	U	M	E	N	T	I	Y	Đ

UPRAVA
ODRASLI
POMOĆ
ODOBRENJE
GRANICE
DJECA
KOMUNIKACIJA
ROK
DOKUMENTI
FINANCIRANJE

KUĆIŠTE
JEZIK
ZAKON
PREGOVARANJE
ČASNIK
PROCES
ZAŠTITA
SITUACIJA
RJEŠENJE
STRES

82 - Adjectives #1

T	L	I	S	I	O	Z	B	I	L	J	A	N	U	A
A	I	D	R	S	N	H	N	K	M	J	Đ	A	M	T
N	J	E	E	K	Ž	K	T	S	B	W	H	Z	J	R
A	E	N	T	R	A	B	N	T	V	B	I	O	E	A
K	P	T	A	E	V	G	M	A	B	U	K	I	T	K
N	L	I	N	N	I	N	D	M	Y	N	N	C	N	T
R	W	Č	N	A	T	U	L	O	S	P	A	I	I	I
C	P	A	C	Y	I	G	W	R	O	A	R	B	Č	V
O	O	N	K	U	R	I	Y	A	R	W	E	M	K	A
V	E	L	I	K	O	D	U	Š	A	N	D	A	I	N
T	E	Š	K	A	P	O	N	Č	I	T	O	Z	G	E
D	G	N	L	R	S	U	O	K	J	B	M	D	B	N
Y	D	E	F	M	U	V	R	I	J	E	D	A	N	D
V	F	B	W	B	L	O	K	O	R	I	S	T	A	N
S	T	P	K	E	A	W	N	V	O	A	M	Y	H	I

APSOLUTAN
AMBICIOZAN
AROMATSKI
UMJETNIČKI
ATRAKTIVAN
LIJEP
MRAK
EGZOTIČNO
VELIKODUŠAN
SRETAN
TEŠKA
KORISTAN
ISKREN
IDENTIČAN
VAŽNO
MODERAN
OZBILJAN
USPORITI
TANAK
VRIJEDAN

83 - Rainforest

P	M	S	I	S	A	V	C	I	E	C	J	K	N	C
O	O	A	V	O	N	B	O	A	J	E	J	L	W	S
B	A	Š	H	N	Đ	K	F	W	N	E	C	I	T	P
L	A	C	T	O	A	I	D	F	A	B	A	M	V	O
A	T	U	L	O	V	B	L	T	V	F	F	A	O	P
C	S	H	T	I	V	I	C	K	U	K	H	C	D	R
I	R	A	I	O	J	A	N	D	Č	A	B	I	O	I
N	V	F	Y	A	H	A	N	A	O	N	O	N	Z	R
E	T	Š	I	Č	O	T	U	J	M	A	T	D	E	O
D	Ž	U	N	G	L	A	O	F	E	T	A	E	M	D
V	R	I	J	E	D	A	N	N	M	S	N	J	C	A
U	V	R	E	K	M	H	D	U	O	P	I	A	I	M
U	C	N	G	M	R	R	U	O	J	O	Č	Z	Đ	P
Đ	W	N	O	G	S	V	G	F	V	S	K	Đ	H	M
R	A	Z	N	O	L	I	K	O	S	T	I	I	L	G

VODOZEMCI
PTICE
BOTANIČKI
KLIMA
OBLACI
ZAJEDNICA
RAZNOLIKOST
AUTOHTONO
KUKCI
DŽUNGLA
SISAVCI
MAHOVINA
PRIRODA
OČUVANJE
UTOČIŠTE
POŠTOVANJE
OBNOVA
VRSTA
OPSTANAK
VRIJEDAN

84 - Global Warming

G	A	E	V	L	A	N	S	S	Đ	G	H	S	S	Z
E	F	K	I	T	K	R	A	E	T	E	L	E	T	N
T	S	O	N	Ć	U	D	U	B	A	N	W	P	A	A
Z	F	L	U	H	A	J	I	G	R	E	N	E	N	N
P	J	O	V	Z	A	R	C	L	K	R	P	Đ	O	S
S	U	Š	U	F	J	D	Z	M	E	A	O	R	V	T
A	V	K	J	C	N	N	A	N	K	C	D	O	N	V
D	I	I	D	Y	Ž	I	B	L	D	I	A	N	I	E
A	T	Š	I	N	A	T	S	S	V	J	C	S	Š	N
Z	E	V	K	Đ	P	O	M	N	I	E	I	G	T	I
I	O	R	T	A	L	K	L	I	M	A	L	Z	V	K
R	M	Y	A	J	I	R	T	S	U	D	N	I	O	F
K	P	A	I	I	N	D	O	R	A	N	U	Đ	E	M
Z	A	K	O	N	O	D	A	V	S	T	V	O	F	V
T	E	M	P	E	R	A	T	U	R	E	D	R	D	V

ARKTIK
PAŽNJA
KLIMA
KRIZA
PODACI
RAZVOJ
ENERGIJA
EKOLOŠKI
BUDUĆNOST
PLIN
GENERACIJE
VLADA
STANIŠTA
INDUSTRIJA
MEĐUNARODNI
ZAKONODAVSTVO
SADA
STANOVNIŠTVO
ZNANSTVENIK
TEMPERATURE

85 - Landscapes

O	D	A	P	O	D	O	V	F	C	D	M	Š	N	P
M	G	M	L	N	F	C	P	K	A	B	O	P	J	G
Y	G	Đ	A	K	E	J	I	R	B	T	Č	I	I	H
G	Z	U	N	Ž	O	T	O	K	R	T	V	L	F	F
N	P	N	I	H	A	N	L	W	D	I	A	J	H	Đ
N	J	F	N	A	K	L	U	V	O	P	R	A	O	W
B	I	R	A	B	O	D	P	S	Y	O	A	R	S	A
G	E	J	Z	I	R	C	A	V	L	L	A	D	A	J
D	R	L	A	N	E	D	E	L	O	U	W	N	G	A
S	O	D	O	L	C	J	L	A	S	O	H	U	T	P
J	M	L	P	Đ	Đ	T	L	M	N	T	B	T	A	R
N	T	V	I	J	E	Z	E	R	O	O	H	K	A	W
T	M	S	Y	N	E	K	O	D	C	K	B	L	T	K
Y	V	N	D	L	A	J	N	I	T	S	U	P	H	D
L	E	D	E	N	J	A	K	I	W	C	N	Z	W	N

PLAŽA
ŠPILJA
PUSTINJA
GEJZIR
LEDENJAK
BRDO
LEDENA
OTOK
JEZERO
PLANINA
OAZA
OCEAN
POLUOTOK
RIJEKA
MORE
MOČVARA
TUNDRA
DOLINA
VULKAN
VODOPAD

86 - Plants

D	D	O	J	N	A	H	L	K	A	K	K	I	N	C
H	R	G	H	T	C	F	C	O	C	V	I	J	E	T
M	A	H	O	V	I	N	A	R	Z	G	N	E	R	S
J	L	E	M	E	T	V	M	I	Y	Z	S	N	H	S
G	Y	E	T	R	A	V	A	J	Z	K	V	V	H	G
W	C	J	Ć	I	L	K	H	E	Z	A	H	L	R	F
N	O	W	V	Š	U	M	A	N	R	K	W	K	G	T
R	U	A	Đ	D	I	O	R	A	M	T	U	W	R	R
B	N	R	C	D	S	L	G	T	W	U	C	I	M	T
R	D	J	G	N	O	J	I	V	O	S	G	D	U	J
P	A	P	M	B	B	F	B	R	Š	L	J	A	N	Y
B	O	B	I	C	A	I	L	D	R	V	O	Đ	Y	F
B	O	T	A	N	I	K	A	O	H	I	P	I	S	S
M	O	M	G	D	T	E	T	W	R	M	M	P	J	K
L	O	C	P	Đ	K	S	U	B	M	A	B	V	D	Đ

BAMBUS
GRAH
BOBICA
BOTANIKA
GRM
KAKTUS
GNOJIVO
FLORA
CVIJET
LIŠĆE
ŠUMA
VRT
TRAVA
BRŠLJAN
MAHOVINA
LATICA
KORIJEN
TEMELJ
DRVO

87 - Countries #2

W	J	U	W	K	P	R	S	E	R	J	P	S	M	S
I	A	A	J	I	N	A	B	L	A	A	D	U	H	I
N	M	J	E	S	I	J	K	E	M	P	I	D	M	R
C	A	T	W	O	G	I	L	I	O	A	M	A	E	I
G	J	A	B	M	E	P	B	I	S	N	N	N	K	J
S	K	B	L	A	R	O	Y	Y	B	T	H	W	S	A
N	A	E	O	L	I	I	V	V	V	A	A	G	I	D
U	E	S	R	I	J	T	S	E	S	J	N	N	K	N
L	E	P	U	J	A	E	H	E	G	I	P	O	O	A
Y	B	G	A	A	R	R	U	Y	N	R	L	K	N	G
U	L	D	C	L	H	A	I	T	I	E	A	R	E	U
Y	N	G	R	Č	K	A	I	Y	D	B	O	J	V	Y
D	A	N	S	K	A	W	S	A	J	I	S	U	R	E
U	K	R	A	J	I	N	A	O	Y	L	F	B	Z	K
P	L	C	R	Đ	C	U	R	N	R	F	B	H	G	G

ALBANIJA
DANSKA
ETIOPIJA
GRČKA
HAITI
JAMAJKA
JAPAN
LAOS
LIBANON
LIBERIJA
MEKSIKO
NEPAL
NIGERIJA
PAKISTAN
RUSIJA
SOMALIJA
SUDAN
SIRIJA
UGANDA
UKRAJINA

88 - Ecology

K	W	T	I	K	N	I	P	N	T	I	W	I	T	W
K	L	G	Z	E	Y	A	R	O	L	F	M	Đ	A	N
B	V	I	Ž	R	D	O	S	A	M	S	W	Đ	C	P
O	I	K	M	Z	N	D	A	J	W	O	Z	U	U	W
P	S	L	Z	A	D	O	R	I	R	P	R	P	C	S
S	R	G	J	I	P	N	A	C	S	C	Z	S	H	E
T	U	F	U	E	R	L	V	A	T	S	R	V	K	C
A	S	A	K	N	I	A	Č	T	A	Š	U	S	H	I
N	E	U	I	I	R	B	O	E	N	M	W	D	Z	N
A	R	N	N	N	O	O	M	G	I	Z	H	C	I	D
K	S	A	O	A	D	L	C	E	Š	K	P	F	J	E
V	V	O	C	L	N	G	H	V	T	Z	G	E	L	J
P	T	R	B	P	O	T	I	U	E	B	Đ	P	S	A
R	A	Z	N	O	L	I	K	O	S	T	A	N	B	Z
V	O	L	O	N	T	E	R	I	K	W	K	L	K	L

KLIMA
ZAJEDNICE
RAZNOLIKOST
SUŠA
FAUNA
FLORA
GLOBALNO
STANIŠTE
POMORSKI
MOČVARA
PLANINE
PRIRODNO
PRIRODA
BILJE
RESURSI
VRSTA
OPSTANAK
ODRŽIV
VEGETACIJA
VOLONTERI

89 - Adjectives #2

P	Y	E	J	T	G	F	Y	M	B	Y	E	P	Z	O
V	O	N	Č	I	T	N	E	T	U	A	L	R	A	D
K	R	Z	B	Y	F	E	D	F	T	O	E	O	V	G
R	G	U	N	A	P	S	O	P	Y	F	G	D	S	O
E	W	G	Ć	A	P	S	K	P	P	R	A	U	L	V
A	L	J	Đ	E	T	V	A	R	D	Z	N	K	A	O
T	R	C	N	G	I	I	J	I	I	E	T	T	N	R
I	N	O	V	O	V	J	R	R	S	A	A	I	G	A
V	D	H	N	R	O	L	P	O	T	E	N	V	L	N
N	K	U	U	V	R	M	N	D	I	O	A	N	A	A
I	P	S	E	U	A	I	V	N	J	Y	M	I	D	F
W	T	R	S	I	D	N	T	O	L	T	J	C	A	B
V	F	Y	I	W	U	A	O	L	V	B	C	O	N	G
N	P	V	C	P	E	Z	O	P	I	S	N	I	Z	C
P	O	N	O	S	A	N	Y	E	D	K	G	T	B	H

AUTENTIČNO
KREATIVNI
OPISNI
SUHO
ELEGANTAN
POZNATI
DAROVIT
ZDRAV
VRUĆE
GLADAN
ZANIMLJIV
PRIRODNO
NOVO
PRODUKTIVNI
PONOSAN
ODGOVORAN
SLAN
POSPAN
JAK
DIVLJI

90 - Psychology

Y	Z	S	J	O	T	R	N	E	G	P	Z	W	U	S
M	G	P	Đ	K	U	K	Y	G	O	R	M	P	T	T
A	W	O	H	S	L	S	Z	O	Z	O	J	O	J	V
J	B	Z	B	D	T	I	P	U	Đ	B	P	N	E	A
I	D	N	O	U	J	V	N	F	J	L	S	A	C	R
C	D	A	K	V	S	O	I	I	I	E	S	Š	A	N
P	A	J	U	Đ	T	N	D	T	Č	M	A	A	J	O
E	R	A	S	Z	K	S	E	S	J	K	J	N	I	S
C	P	O	L	E	J	N	J	O	M	W	I	J	L	T
R	O	D	C	Y	F	H	E	N	B	Z	P	E	S	T
E	O	Y	K	J	W	Y	I	B	I	S	A	P	I	B
P	Y	J	A	Ć	E	J	S	O	D	T	R	D	M	F
A	S	C	A	P	T	N	S	S	E	Đ	E	S	D	K
Z	E	U	Z	U	J	I	A	O	B	A	T	J	K	K
E	M	O	C	I	J	E	C	U	T	S	K	N	D	W

PROCJENA
PONAŠANJE
DJETINJSTVO
KLINIČKI
SPOZNAJA
SUKOB
SNOVI
EGO
EMOCIJE
IDEJE
UTJECAJI
PERCEPCIJA
OSOBNOST
PROBLEM
STVARNOST
OSJEĆAJ
TERAPIJA
MISLI

91 - Math

P	P	T	N	N	E	O	P	S	E	G	J	V	L	K
P	O	R	S	T	I	I	F	Z	Y	Đ	J	Y	S	U
R	P	L	O	T	V	T	T	R	M	M	V	Y	M	T
A	E	A	I	M	E	F	U	J	A	Đ	W	U	F	O
V	R	R	S	G	J	Y	K	E	R	K	U	A	B	V
O	I	I	I	M	O	E	O	D	G	E	C	J	S	I
K	M	T	M	O	R	N	R	N	O	W	F	I	U	A
U	E	M	E	N	B	E	T	A	L	A	I	R	J	L
T	T	E	T	L	E	M	A	D	E	Y	Z	T	I	A
N	A	T	R	E	T	U	R	Ž	L	A	E	E	D	M
I	R	I	I	L	M	L	D	B	A	Đ	J	M	A	I
K	R	K	J	A	Đ	O	A	A	R	J	H	O	R	C
Đ	G	A	A	R	L	V	V	J	A	M	P	E	Z	E
B	M	B	D	A	E	L	K	E	P	L	H	G	N	D
A	E	K	S	P	O	N	E	N	T	N	R	H	U	T

KUTOVI
ARITMETIKA
OPSEG
DECIMALA
PROMJER
JEDNADŽBA
EKSPONENT
FRAKCIJA
GEOMETRIJA
BROJEVI
PARALELNO
PARALELOGRAM
PERIMETAR
POLIGON
RADIJUS
PRAVOKUTNIK
KVADRAT
SIMETRIJA
TROKUT
VOLUMEN

92 - Activities

R	K	E	R	A	M	I	K	A	C	I	N	W	A	H
I	S	E	R	E	T	N	I	Y	Y	F	M	G	E	N
B	U	W	S	S	K	A	K	T	I	V	N	O	S	T
A	M	C	Z	J	A	D	E	G	Đ	O	O	K	M	V
R	P	A	Z	P	M	L	P	M	B	L	U	E	G	R
S	Y	N	U	W	P	P	L	E	T	E	N	J	E	T
T	R	B	O	R	I	D	Č	P	L	E	S	N	J	L
V	F	T	K	F	R	P	P	I	E	U	L	A	N	A
O	A	J	I	F	A	R	G	O	T	O	F	V	E	R
O	M	V	D	L	N	K	M	U	Z	A	D	I	Č	S
G	D	G	O	Đ	J	H	J	A	P	E	N	Š	A	T
F	P	G	W	E	E	R	G	I	G	N	H	J	Š	V
O	P	U	Š	T	A	N	J	E	W	I	U	V	E	O
P	U	M	J	E	T	N	O	S	T	W	J	A	J	E
Z	A	D	O	V	O	L	J	S	T	V	O	A	P	W

AKTIVNOST
UMJETNOST
KAMPIRANJE
KERAMIKA
OBRT
PLES
RIBARSTVO
IGRE
VRTLARSTVO
PJEŠAČENJE
LOV
INTERESI
PLETENJE
MAGIJA
FOTOGRAFIJA
ZADOVOLJSTVO
ČITANJE
OPUŠTANJE
ŠIVANJE

93 - Business

Z	H	Y	R	D	I	A	G	L	W	C	H	J	R	T
A	D	H	N	O	J	E	U	A	O	A	H	T	N	R
P	M	C	N	H	B	Z	Y	B	Y	V	Y	B	T	O
O	R	I	T	I	O	A	U	P	L	A	T	M	S	Š
S	T	V	O	R	N	I	C	A	R	D	E	R	U	A
L	I	U	N	P	E	B	P	U	F	O	T	P	P	K
E	J	Y	K	O	T	Ž	L	P	E	L	D	E	O	T
N	D	U	Ć	A	N	Đ	D	S	G	S	A	A	P	W
I	Z	E	R	O	P	C	C	A	V	O	N	T	J	W
K	U	L	A	G	A	N	J	E	N	P	A	U	B	A
F	I	N	A	N	C	I	J	E	F	E	W	L	D	K
Đ	F	D	I	A	C	D	Y	K	B	G	M	A	L	T
E	K	O	N	O	M	I	J	A	K	Y	Đ	V	O	R
K	A	R	I	J	E	R	A	S	B	F	U	O	J	V
N	P	R	O	R	A	Č	U	N	A	E	Z	O	D	T

PRORAČUN
KARIJERA
TVRTKA
TROŠAK
VALUTA
POPUST
EKONOMIJA
ZAPOSLENIK
POSLODAVAC
TVORNICA
FINANCIJE
PRIHOD
ULAGANJE
MENADŽER
ROBA
NOVAC
URED
PRODAJA
DUĆAN
POREZI

94 - The Company

P	Y	Z	J	G	L	D	I	Đ	O	O	H	S	P	Z
T	O	A	J	I	R	T	S	U	D	N	I	E	R	E
R	U	S	N	K	P	T	R	U	L	L	N	J	E	L
E	M	L	L	N	K	V	U	N	U	A	V	N	Z	C
N	O	H	T	O	A	R	S	E	K	B	I	A	E	M
D	G	P	D	R	V	P	E	W	A	O	T	V	N	U
O	U	T	H	A	E	A	R	Y	R	L	A	A	T	L
V	Ć	P	L	A	Ć	E	N	E	A	G	E	J	A	A
I	N	V	K	E	T	K	A	J	D	Z	R	L	C	G
D	O	H	I	R	P	R	O	Z	E	A	K	Š	I	A
N	S	L	A	T	E	T	I	L	A	V	K	O	J	N
J	T	J	W	N	D	O	V	Z	I	O	R	P	A	J
U	G	L	E	D	P	Z	Đ	G	I	B	V	A	V	E
I	N	O	V	A	T	I	V	A	N	C	B	Z	R	D
M	L	D	P	K	Đ	T	E	C	I	N	I	D	E	J

POSLOVANJE
KREATIVNI
ODLUKA
ZAPOŠLJAVANJE
GLOBALNO
INDUSTRIJA
INOVATIVAN
ULAGANJE
MOGUĆNOST
PREZENTACIJA
PROIZVOD
NAPREDAK
KVALITETA
UGLED
RESURSI
PRIHOD
RIZICI
TRENDOVI
JEDINICE
PLAĆE

95 - Literature

M	T	Z	Č	A	N	E	G	D	O	T	A	W	Y	P
T	R	U	A	R	O	F	A	T	E	M	G	G	Đ	J
E	A	I	D	K	K	T	F	L	J	T	O	N	C	E
M	G	W	E	A	L	P	V	D	Z	M	L	I	T	S
A	E	B	J	R	A	J	I	G	O	L	A	N	A	N
M	D	Y	V	R	I	O	U	I	I	B	J	A	W	I
I	I	H	O	Y	W	T	Y	Č	J	S	I	M	C	Č
R	J	A	P	B	L	D	A	S	A	W	D	O	I	K
P	A	S	I	P	O	A	Y	M	Z	K	A	R	C	I
Đ	J	W	R	O	T	U	A	F	I	K	C	I	J	A
L	W	E	P	I	D	F	A	R	L	A	P	M	Z	Y
E	I	Đ	S	L	B	I	U	B	A	T	Y	H	G	Y
J	R	P	W	M	R	N	S	O	N	G	M	C	C	O
O	R	Đ	H	D	A	J	I	F	A	R	G	O	I	B
V	H	D	U	U	N	U	S	P	O	R	E	D	B	A

ANALOGIJA
ANALIZA
ANEGDOTA
AUTOR
BIOGRAFIJA
USPOREDBA
ZAKLJUČAK
OPIS
DIJALOG
FIKCIJA
METAFORA
PRIPOVJEDAČ
ROMAN
PJESMA
PJESNIČKI
RIMA
RITAM
STIL
TEMA
TRAGEDIJA

96 - Geography

S	Y	V	F	R	K	O	C	K	K	C	T	Đ	I	A
N	A	J	I	D	I	R	E	M	A	B	E	S	L	B
W	I	L	W	S	P	L	A	N	I	N	A	V	O	K
P	B	I	I	N	I	U	D	G	L	B	M	Z	J	R
S	D	V	E	R	O	N	Đ	A	O	A	R	S	O	I
J	Y	J	F	L	T	P	A	J	L	M	E	Z	C	J
E	H	I	A	P	O	Z	O	I	H	N	J	J	E	E
V	E	W	Z	N	K	Đ	T	G	D	E	Č	P	A	K
E	R	H	E	M	I	S	F	E	R	A	U	A	N	A
R	A	T	L	A	S	R	I	R	L	T	R	I	Đ	U
D	V	K	Đ	N	D	T	I	B	F	R	D	G	J	G
R	H	J	V	U	K	W	N	Š	V	A	O	U	D	L
F	Y	I	B	A	M	O	R	E	C	K	P	J	Y	S
K	O	N	T	I	N	E	N	T	E	J	I	V	S	I
Z	A	P	A	D	R	E	A	E	N	D	P	L	B	P

VISINA
ATLAS
GRAD
KONTINENT
ZEMLJA
HEMISFERA
OTOK
ŠIRINA
KARTA
MERIDIJAN
PLANINA
SJEVER
OCEAN
REGIJA
RIJEKA
MORE
JUG
PODRUČJE
ZAPAD
SVIJET

97 - Jazz

N	T	O	R	N	F	U	H	D	P	A	K	P	S	C
U	O	Y	N	A	R	A	B	U	B	N	J	E	V	I
M	R	V	I	G	I	R	V	A	E	G	C	Y	J	T
J	J	S	O	L	T	J	F	O	I	M	U	B	L	A
E	N	A	I	A	A	D	Z	S	R	G	B	W	T	N
T	K	S	Z	S	M	P	J	E	T	I	Z	Z	N	Z
N	E	T	K	A	R	A	L	B	B	I	T	O	E	O
I	P	A	O	K	A	S	E	J	L	P	L	I	L	P
K	J	V	N	T	T	T	T	G	L	A	Z	B	A	J
J	E	Y	C	E	S	T	A	D	H	T	L	T	T	S
I	S	U	E	H	E	W	D	S	I	B	I	C	P	T
G	M	F	R	N	K	M	A	K	I	F	U	W	O	A
U	A	I	T	I	R	H	L	R	Đ	V	M	N	F	R
O	K	A	W	K	O	B	K	W	H	Đ	W	R	V	G
V	M	V	I	A	W	L	S	U	R	S	S	M	F	B

ALBUM
PLJESAK
UMJETNIK
SKLADATELJ
SASTAV
KONCERT
BUBNJEVI
NAGLASAK
POZNATI
FAVORITI
GLAZBA
NOVO
STAR
ORKESTAR
RITAM
PJESMA
STIL
TALENT
TEHNIKA

98 - Nature

M	N	L	P	C	V	S	S	T	H	U	A	O	P	A
I	I	J	L	V	I	D	V	V	C	C	K	G	Č	R
R	H	E	N	I	N	A	L	P	E	G	E	P	E	K
N	L	P	P	D	A	M	L	M	U	T	J	J	L	T
O	R	O	O	E	T	U	M	G	P	Z	I	W	E	I
V	N	T	B	R	I	Š	W	H	A	J	R	Š	W	K
C	F	A	L	O	B	R	S	Z	H	M	I	V	T	M
A	L	J	A	Z	D	I	N	A	M	I	Č	A	N	E
J	E	N	C	I	K	S	P	O	R	T	R	O	A	H
E	D	I	I	J	Ž	I	V	O	T	I	N	J	E	M
A	E	T	O	A	L	I	Š	Ć	E	Y	P	K	Z	Y
B	N	S	S	P	O	K	O	J	A	N	U	B	I	D
B	J	U	S	M	P	W	U	I	N	K	C	L	E	V
J	A	P	J	W	Đ	T	Z	I	F	Đ	Đ	L	E	B
H	K	Y	R	U	W	O	Y	B	U	F	T	K	M	O

ŽIVOTINJE
ARKTIK
LJEPOTA
PČELE
OBLACI
PUSTINJA
DINAMIČAN
EROZIJA
MAGLA
LIŠĆE
ŠUMA
LEDENJAK
PLANINE
MIRNO
RIJEKA
SVETIŠTE
SPOKOJAN
TROPSKI
BITAN
DIVLJI

99 - Vacation #2

T	P	R	I	J	E	V	O	Z	Y	P	D	K	Z	R
D	A	T	R	A	K	Z	E	Y	Đ	L	V	E	R	E
U	G	K	B	E	G	D	Đ	D	S	A	R	J	A	S
B	I	O	S	I	P	K	T	K	M	Ž	M	N	Č	T
P	E	T	Š	I	D	E	R	D	O	A	O	A	N	O
Y	U	O	R	R	L	J	O	N	R	F	R	R	A	R
H	E	T	R	Y	T	H	T	Y	V	U	E	I	L	A
V	O	B	O	E	J	N	A	V	O	T	U	P	U	N
I	Z	T	J	V	J	O	Š	W	O	I	S	M	K	C
Z	Z	Y	E	E	N	I	N	A	L	P	T	A	A	I
A	C	S	A	L	B	I	V	L	A	K	R	K	D	V
S	T	R	A	N	A	C	C	Y	E	Z	A	V	I	M
O	D	M	O	R	K	Đ	I	A	J	F	N	V	L	B
Y	M	C	S	G	G	K	A	I	S	Z	I	F	N	S
C	N	P	R	J	D	A	D	A	M	L	T	P	M	H

ZRAČNA LUKA
PLAŽA
KAMPIRANJE
ODREDIŠTE
STRANI
STRANAC
ODMOR
HOTEL
OTOK
PUTOVANJE
KARTA
PLANINE
PUTOVNICA
RESTORAN
MORE
TAKSI
ŠATOR
VLAK
PRIJEVOZ
VIZA

100 - Electricity

W	S	D	A	N	I	Č	I	L	O	K	E	T	S	T
H	R	K	U	T	E	N	G	A	M	R	L	E	V	E
E	A	J	L	U	R	A	Ž	S	D	T	E	L	J	L
R	Č	W	G	A	O	E	L	E	B	A	K	E	E	E
J	I	H	J	J	D	P	A	R	E	A	T	V	T	F
Y	R	A	U	I	C	I	R	D	K	H	R	I	I	O
Z	T	H	T	R	F	T	Š	E	C	J	I	Z	L	N
Đ	K	I	I	E	H	K	V	T	M	G	Č	I	J	P
L	E	D	Č	T	Đ	E	Đ	M	E	A	N	J	K	W
U	L	R	N	A	S	J	R	K	R	N	I	A	A	J
M	E	T	I	B	B	B	I	L	U	C	J	D	O	L
A	R	A	C	L	R	O	T	A	R	E	N	E	G	U
U	G	E	A	P	O	Z	I	T	I	V	A	N	E	U
H	M	H	Ž	R	C	N	E	G	A	T	I	V	A	N
P	L	I	G	A	K	K	O	Z	R	F	Ž	I	C	E

BATERIJA
ŽARULJA
KABEL
ELEKTRIČNI
ELEKTRIČAR
OPREMA
GENERATOR
SVJETILJKA
LASER
MAGNET
NEGATIVAN
MREŽA
OBJEKTI
POZITIVAN
KOLIČINA
UTIČNICA
SKLADIŠTENJE
TELEFON
TELEVIZIJA
ŽICE

1 - Antiques

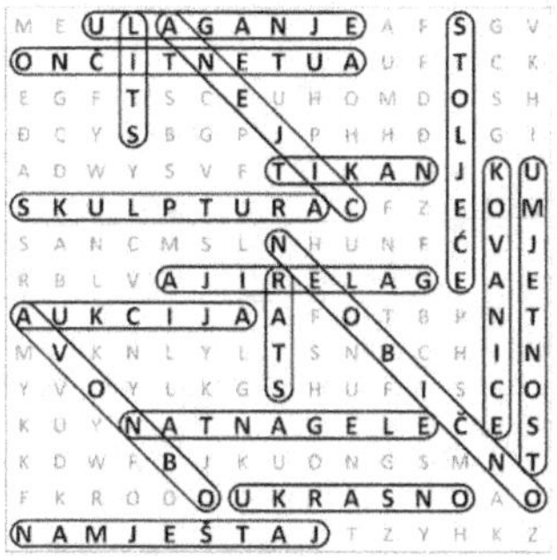

2 - Food #1

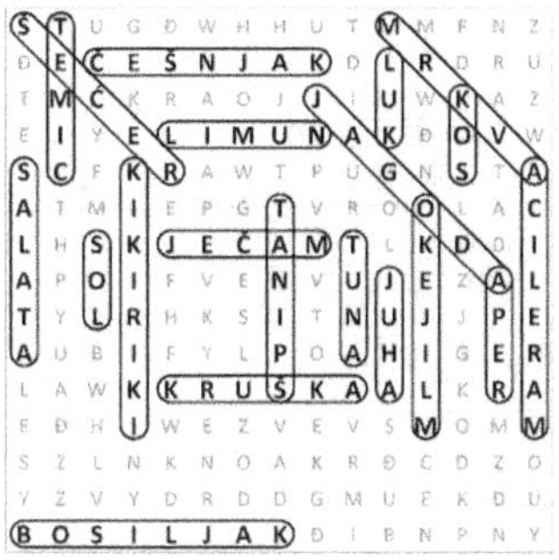

3 - Measurements

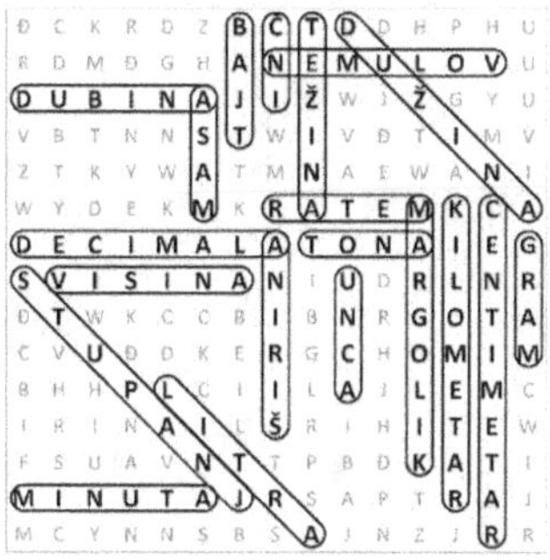

4 - Farm #2

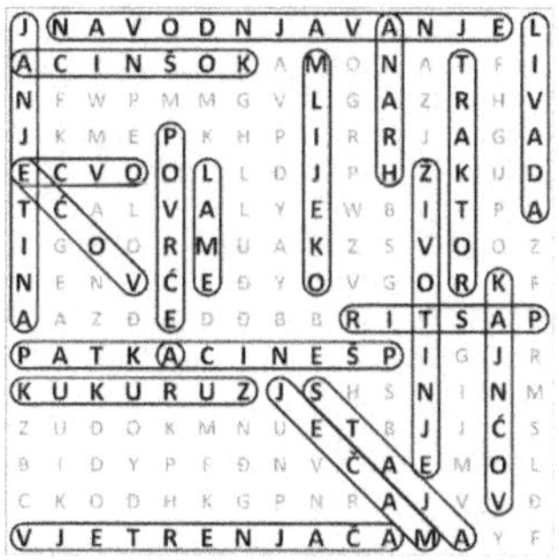

5 - Books

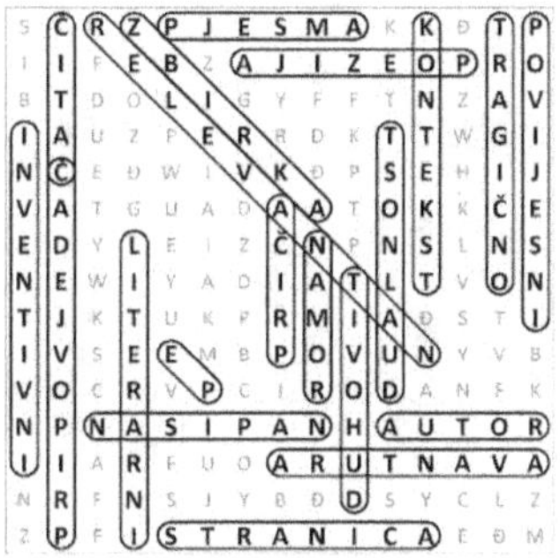

6 - Meditation

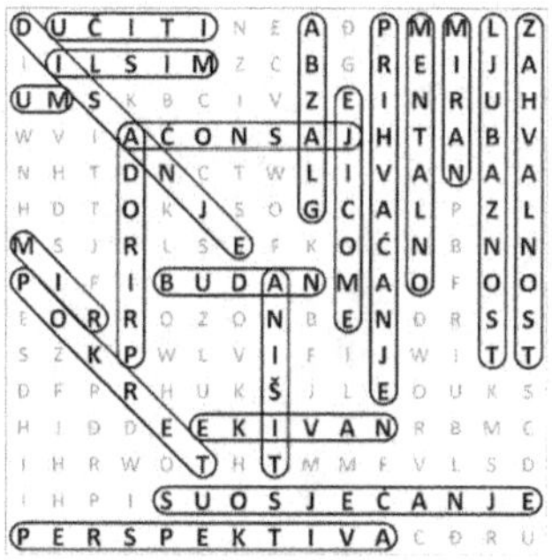

7 - Days and Months

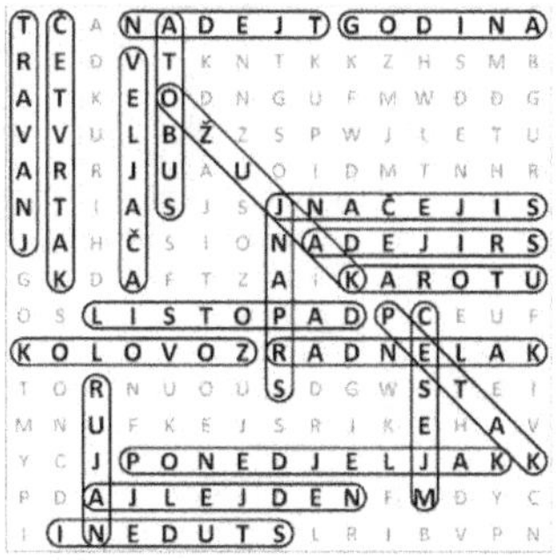

8 - Energy

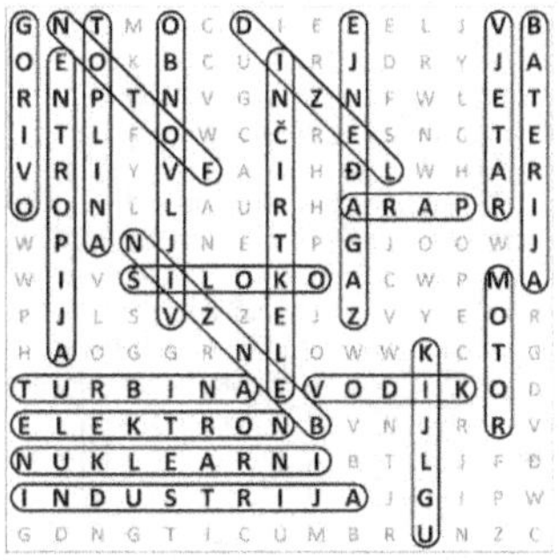

9 - Chess

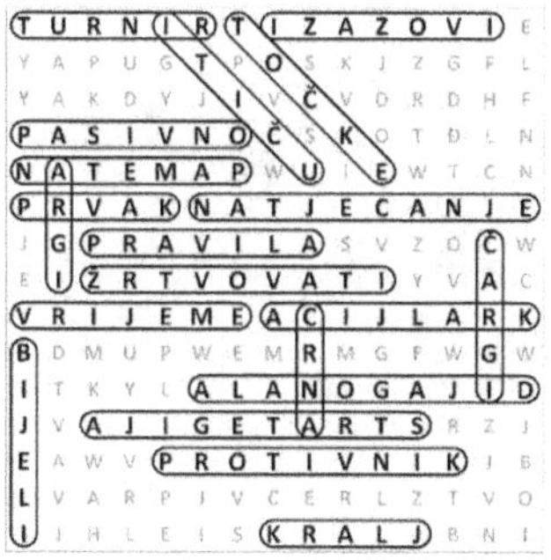

10 - Archeology

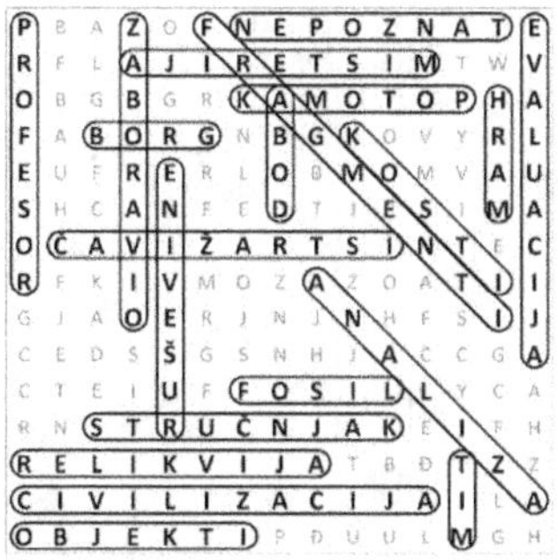

11 - Food #2

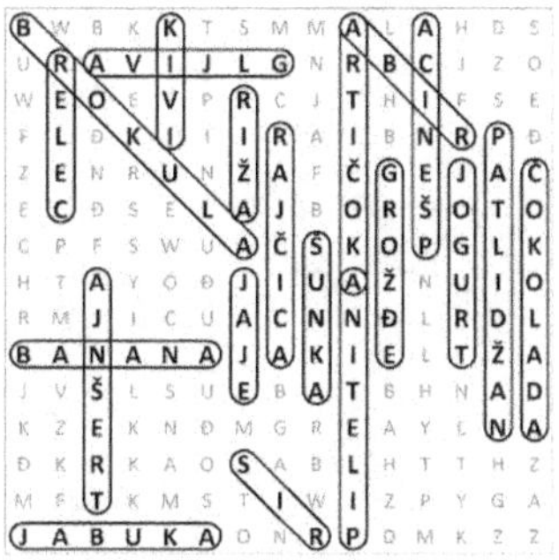

12 - Chemistry

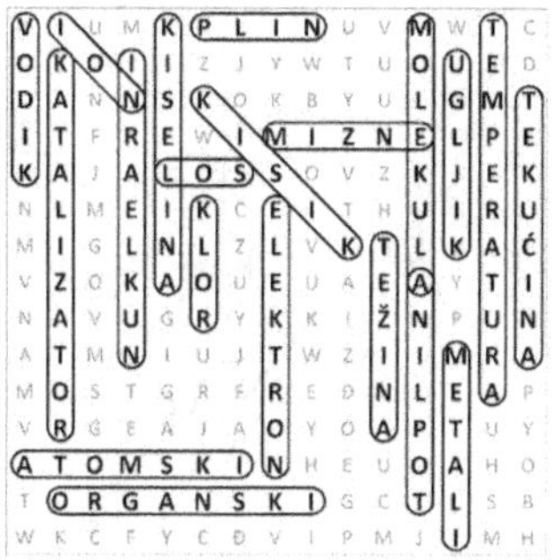

13 - Music

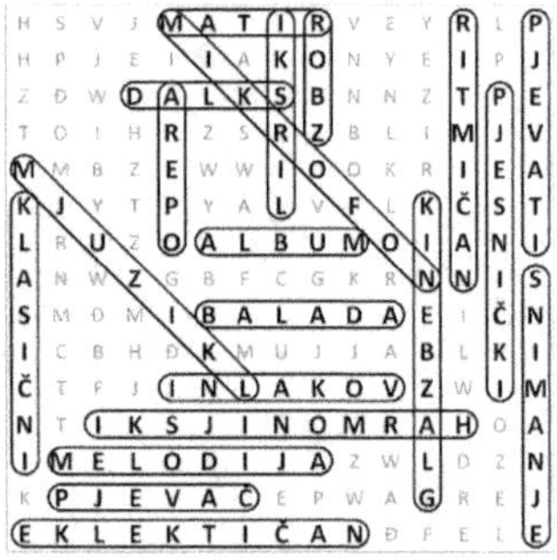

14 - Family

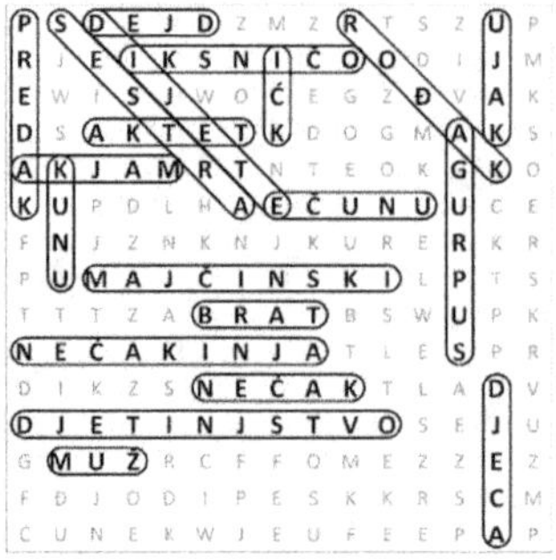

15 - Farm #1

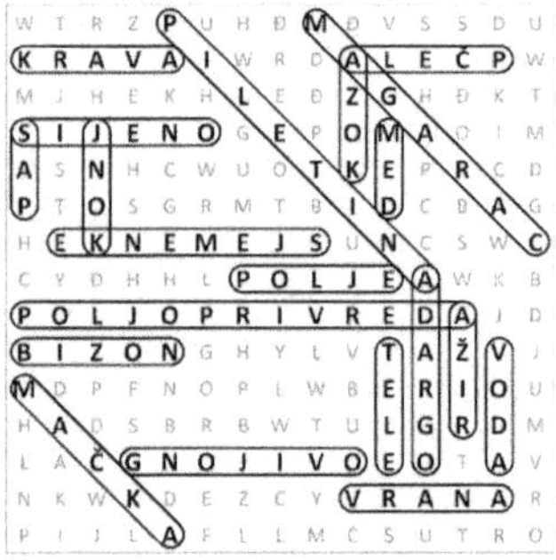

16 - Camping

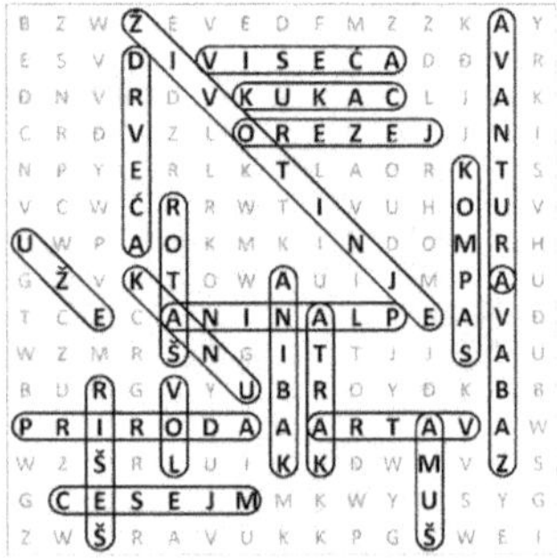

17 - Algebra

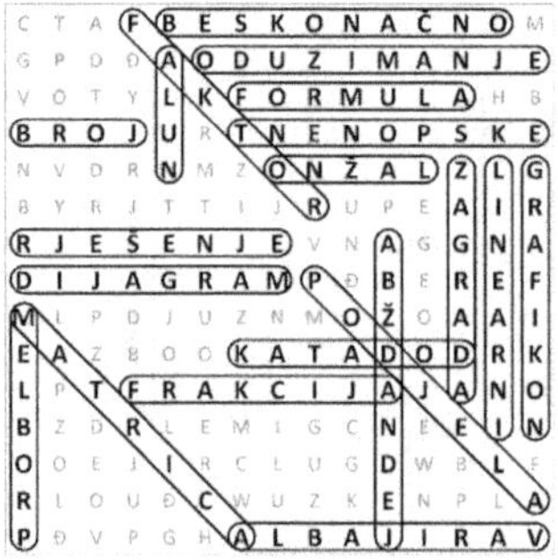

18 - Numbers

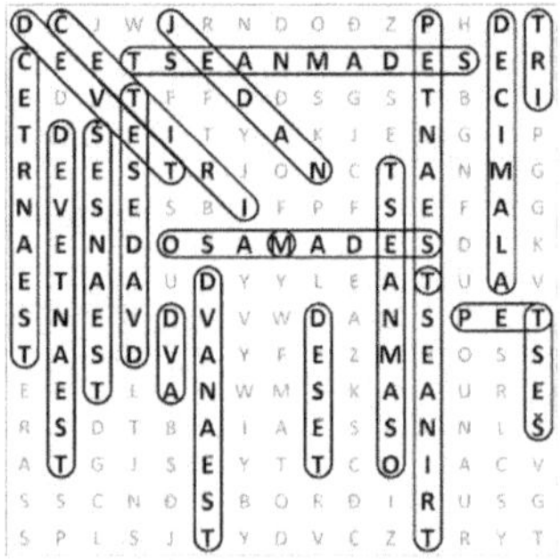

19 - Spices

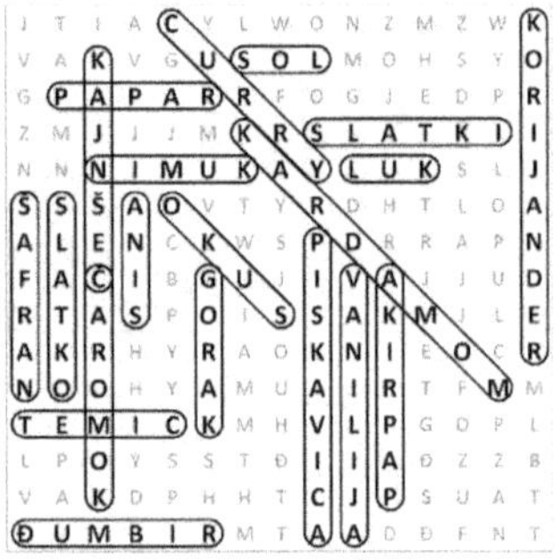

20 - Universe

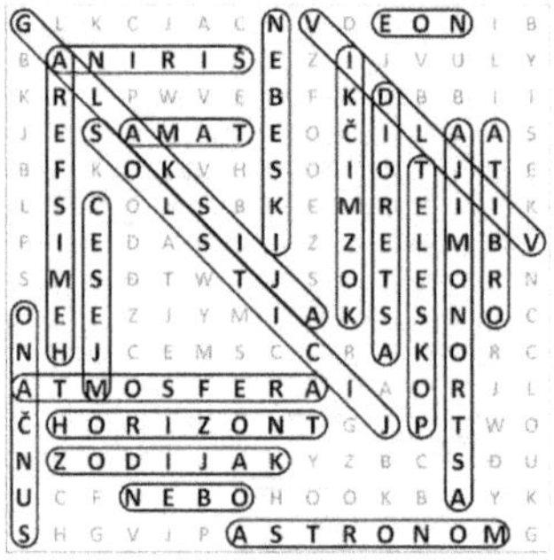

21 - Mammals

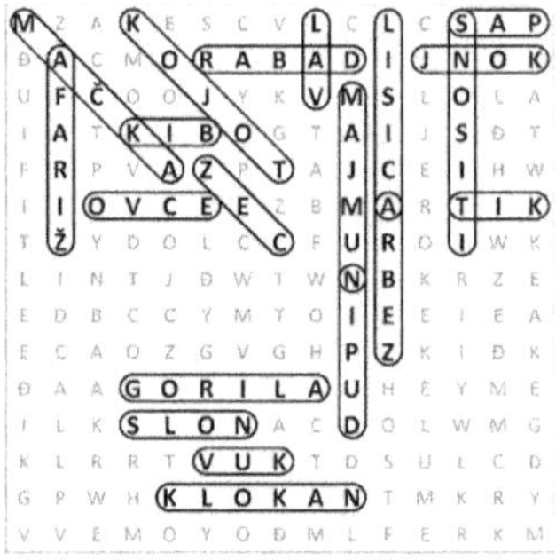

22 - Fishing

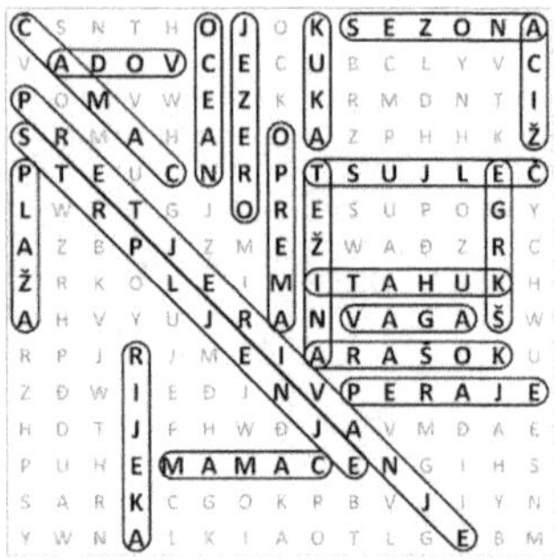

23 - Restaurant #1

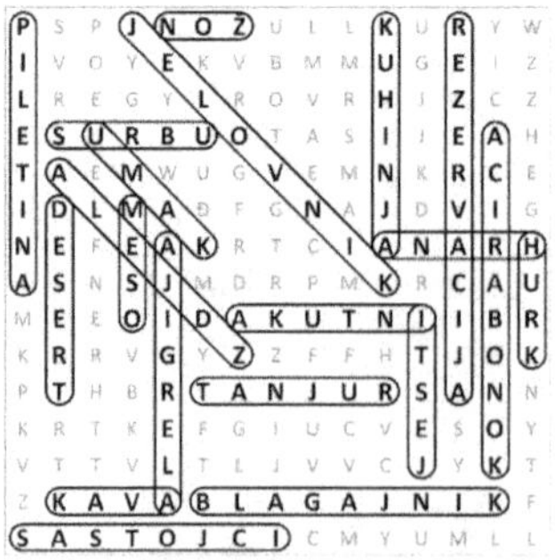

24 - Bees

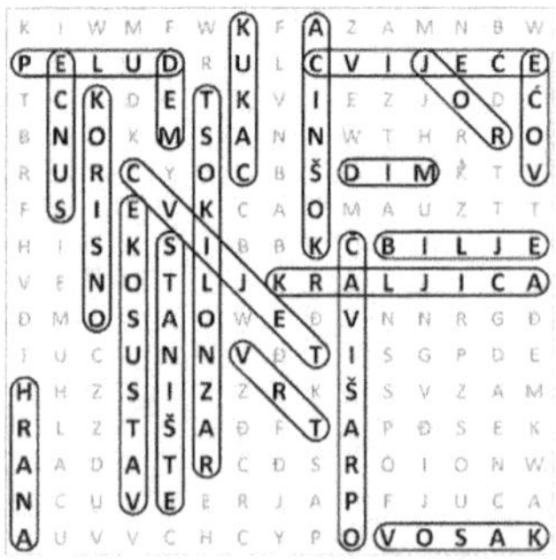

25 - Photography

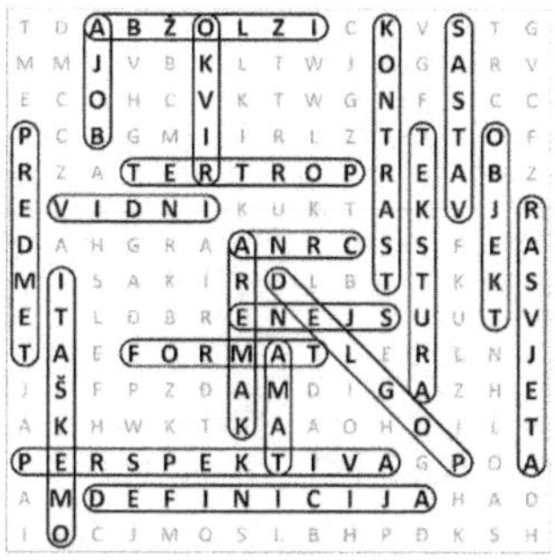

26 - Adventure

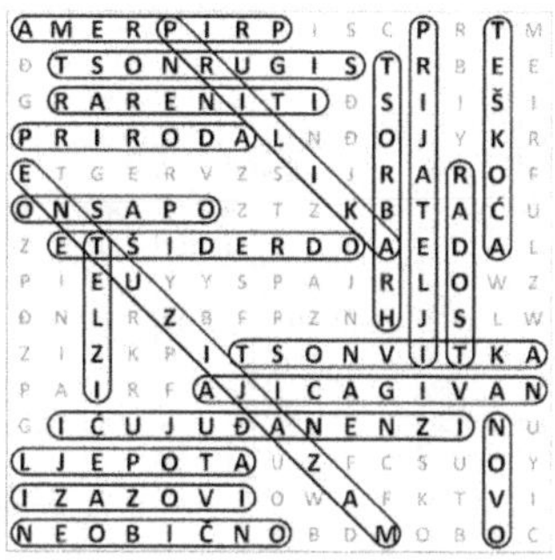

27 - Sport

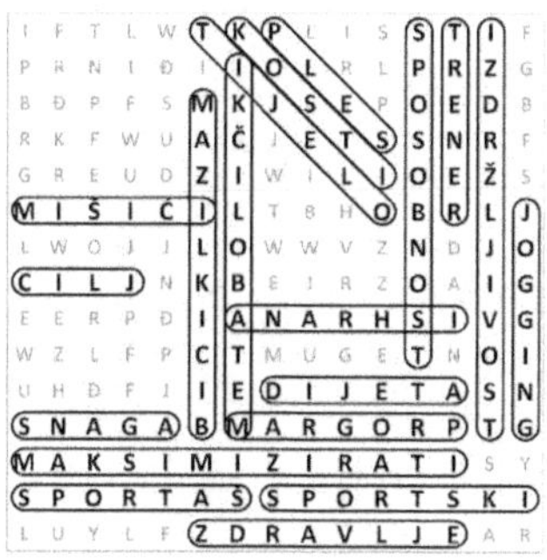

28 - Restaurant #2

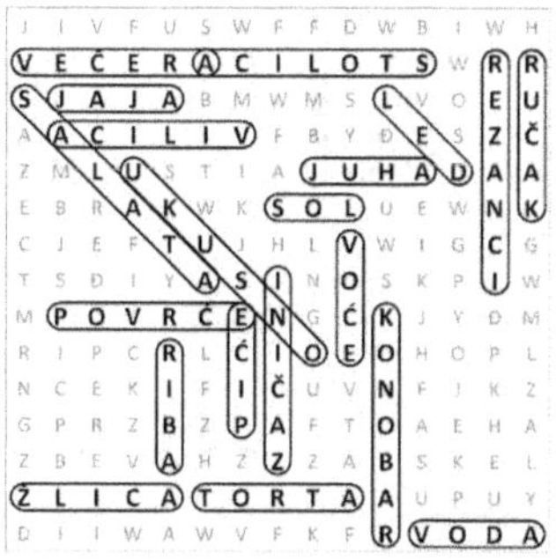

29 - Geology

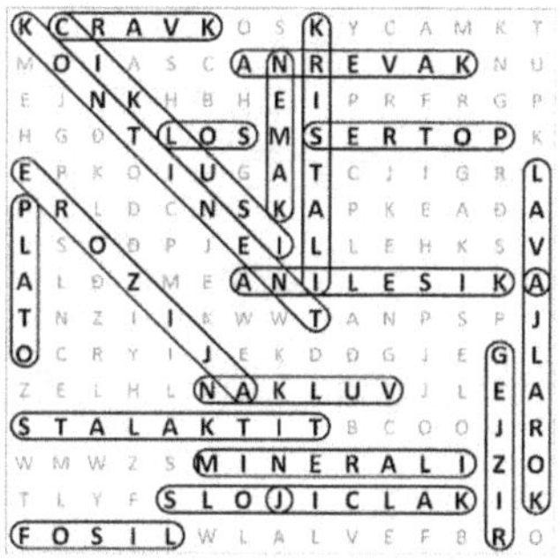

30 - House

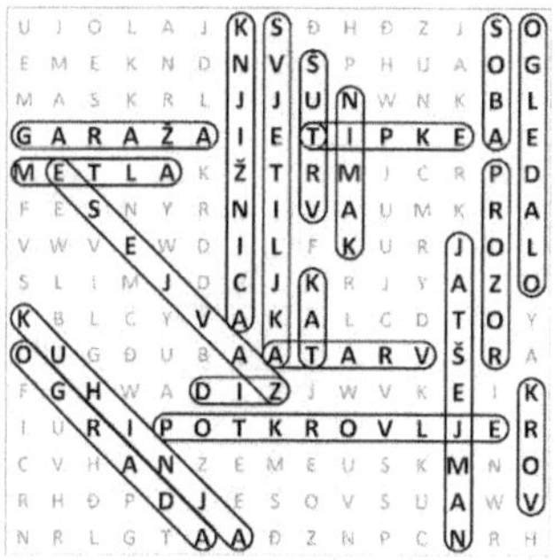

31 - Physics

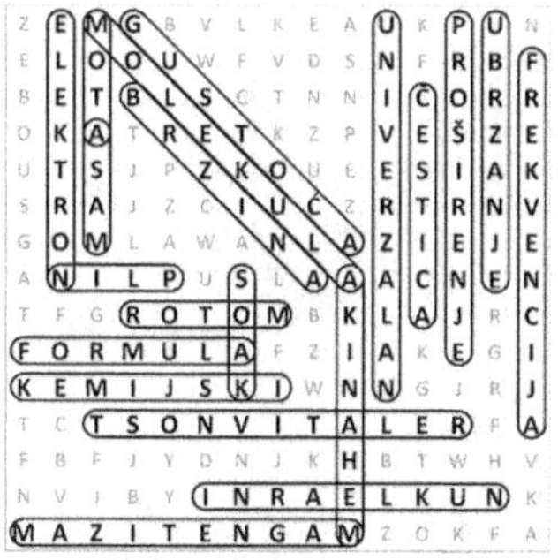

32 - Dance

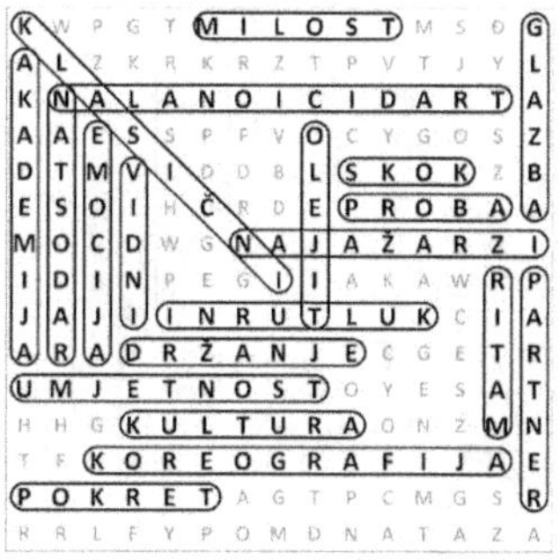

33 - Coffee

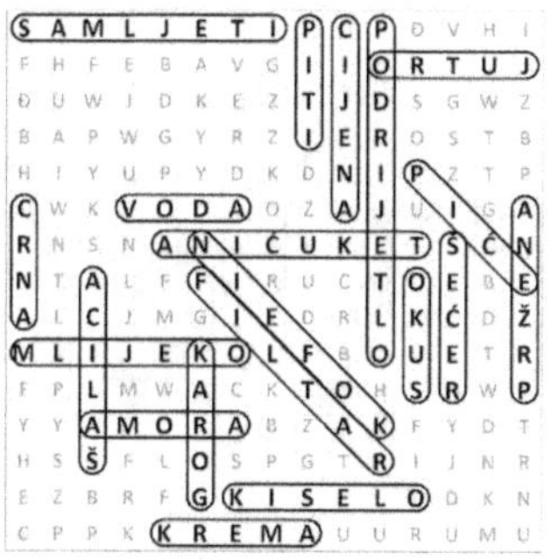

34 - Shapes

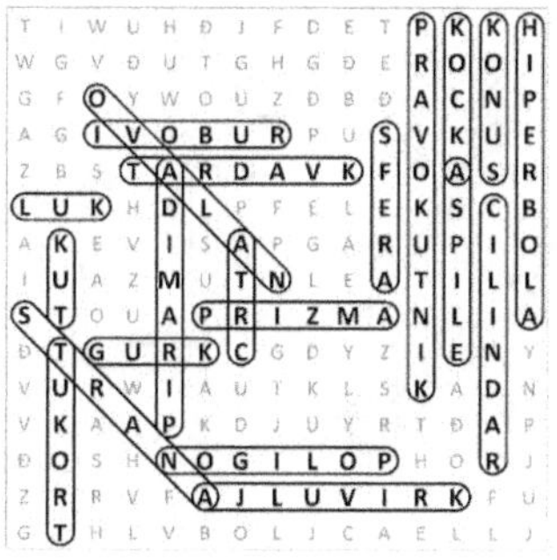

35 - Scientific Disciplines

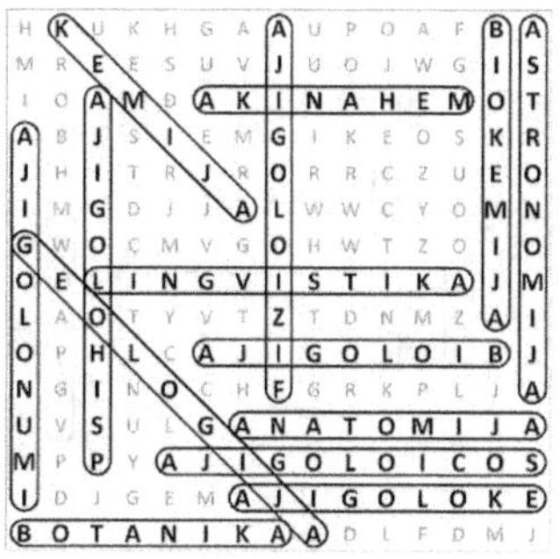

36 - Science

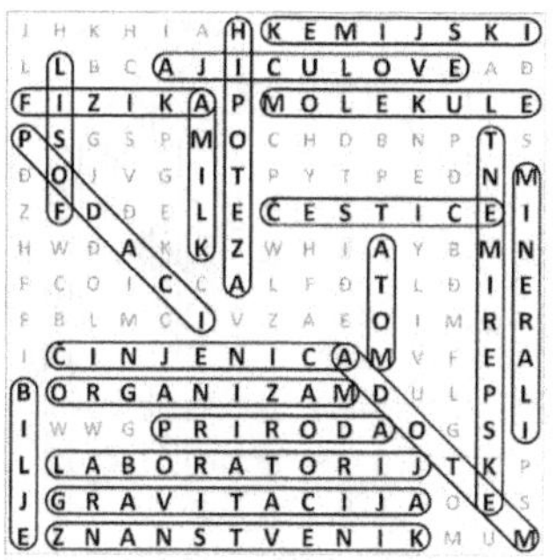

37 - Beauty

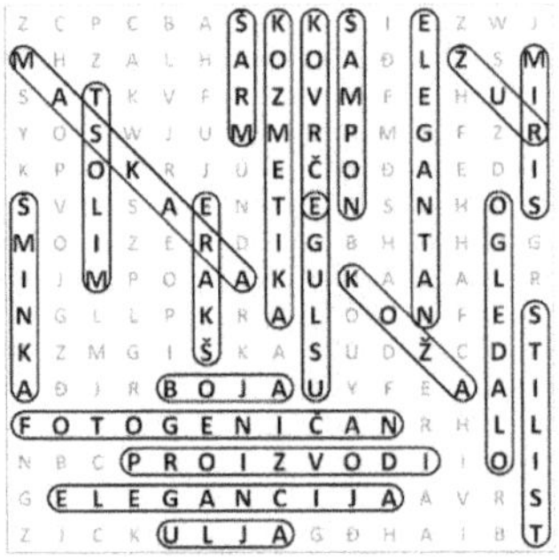

38 - Clothes

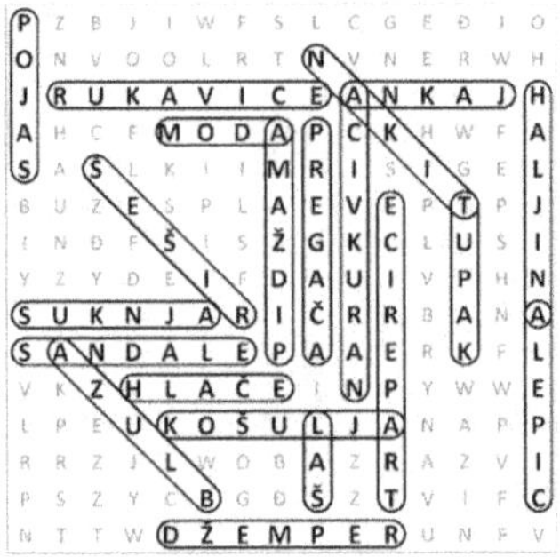

39 - Astronomy

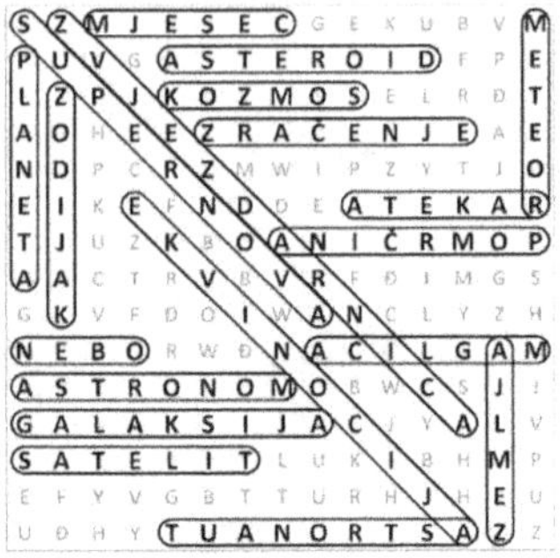

40 - Health and Wellness #2

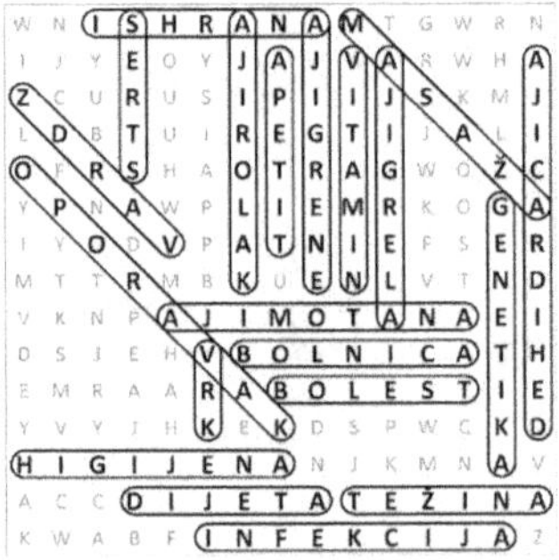

41 - Disease

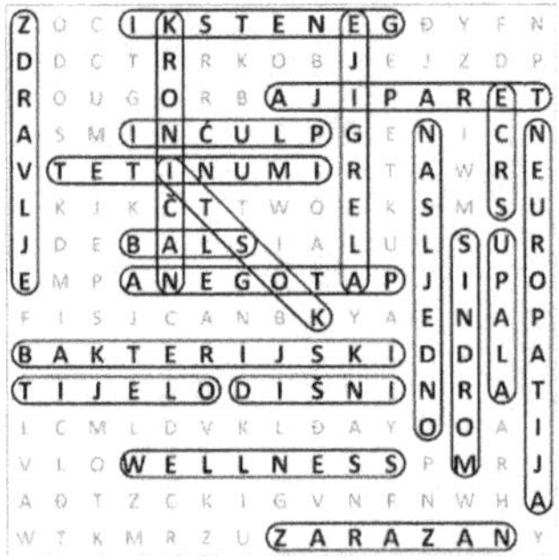

42 - Time

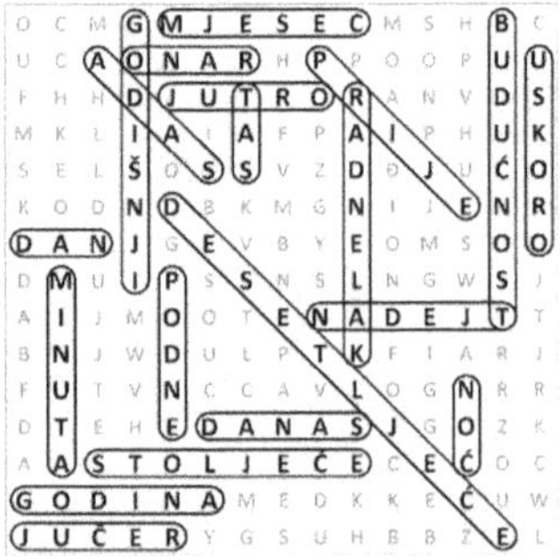

43 - Buildings

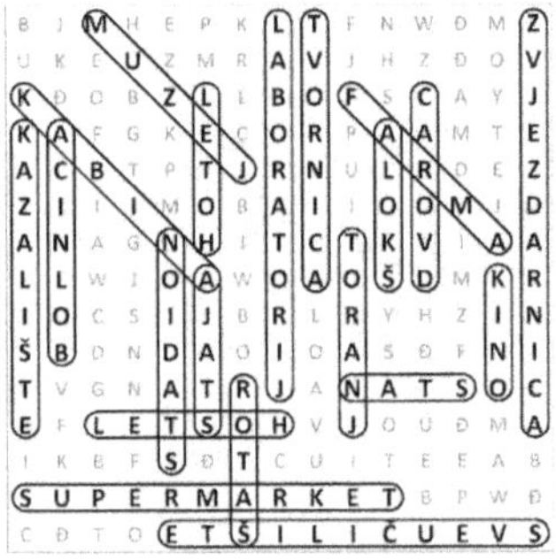

44 - Gardening

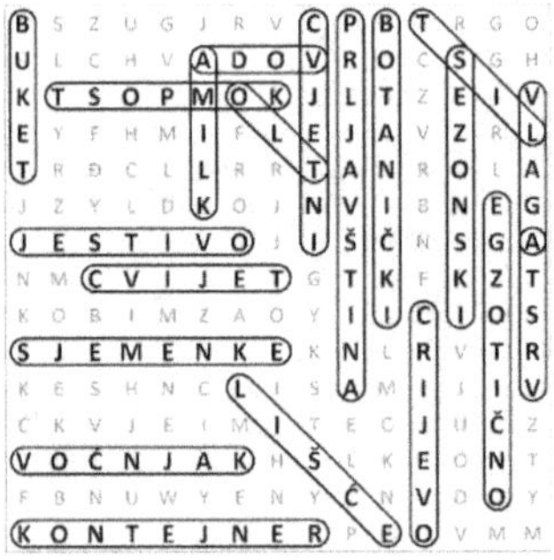

45 - Herbalism

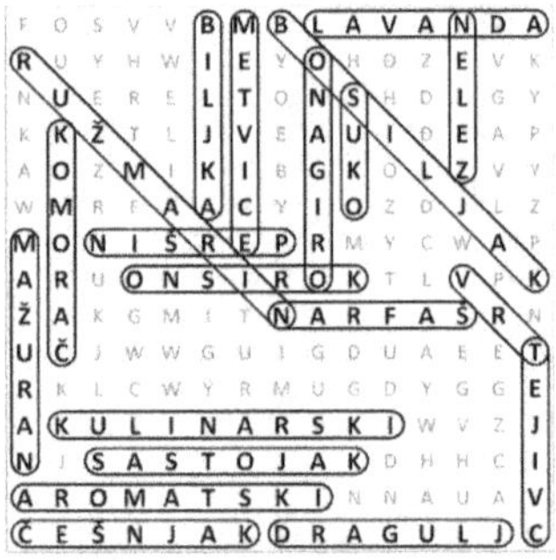

46 - Vehicles

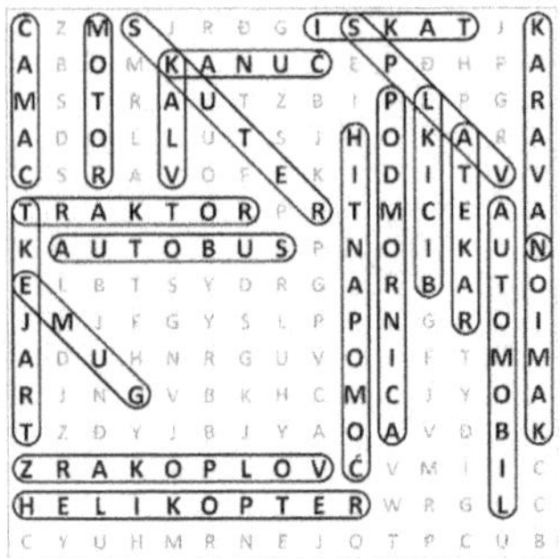

47 - Flowers

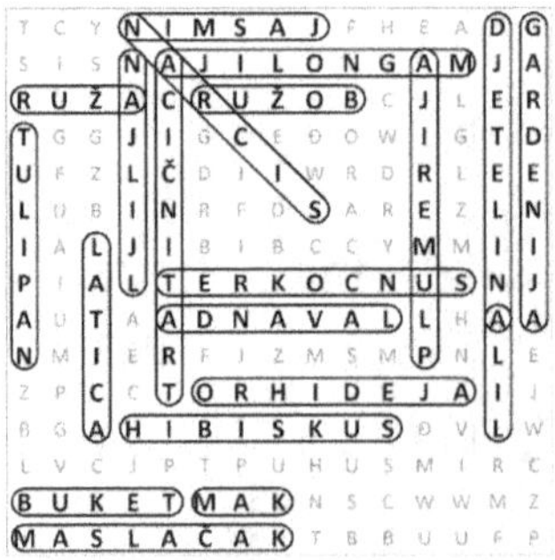

48 - Health and Wellness #1

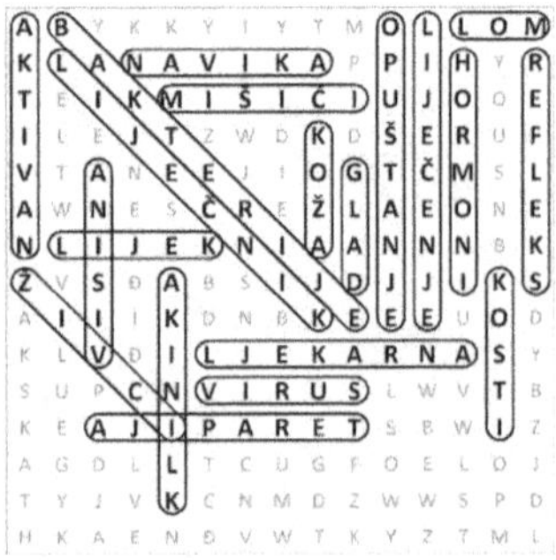

49 - Town

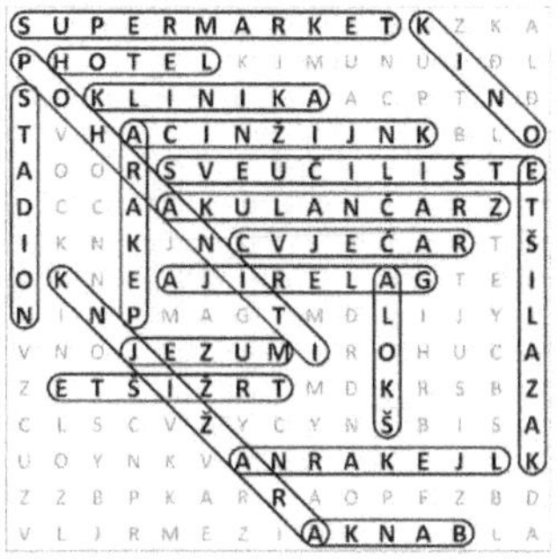

50 - Antarctica

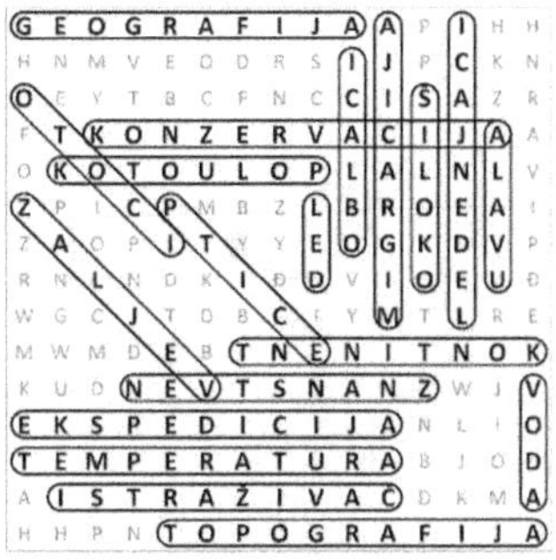

51 - Ballet

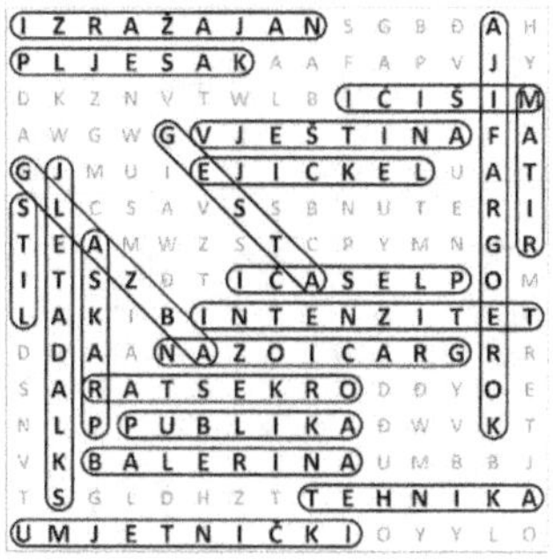

52 - Human Body

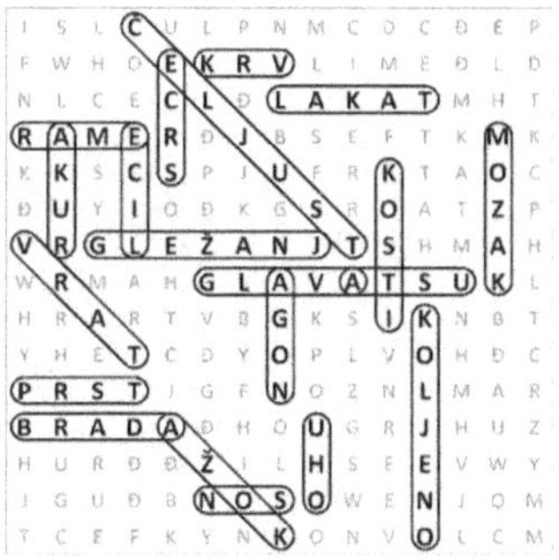

53 - Musical Instruments

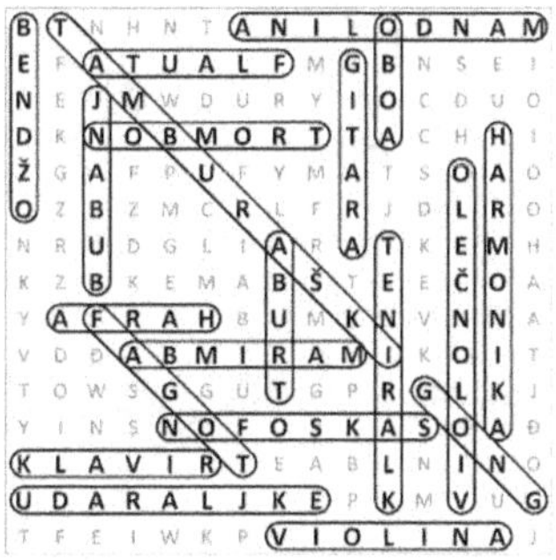

54 - Fruit

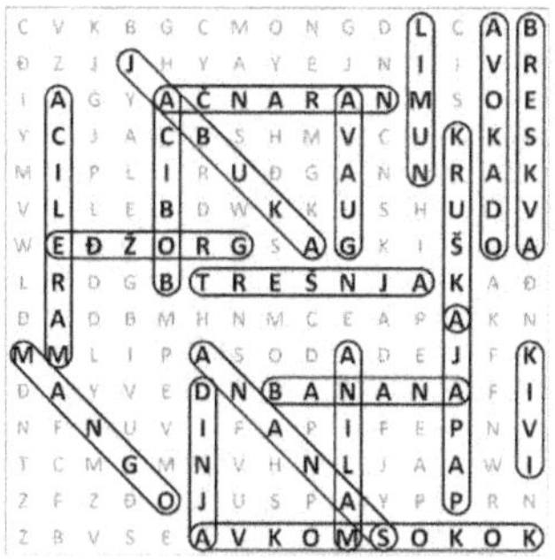

55 - Engineering

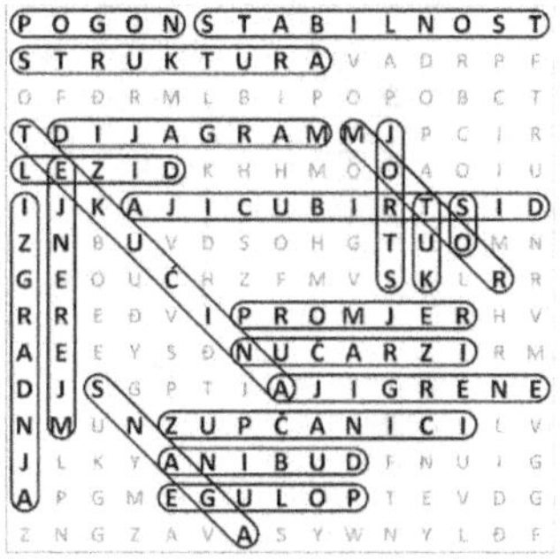

56 - Government

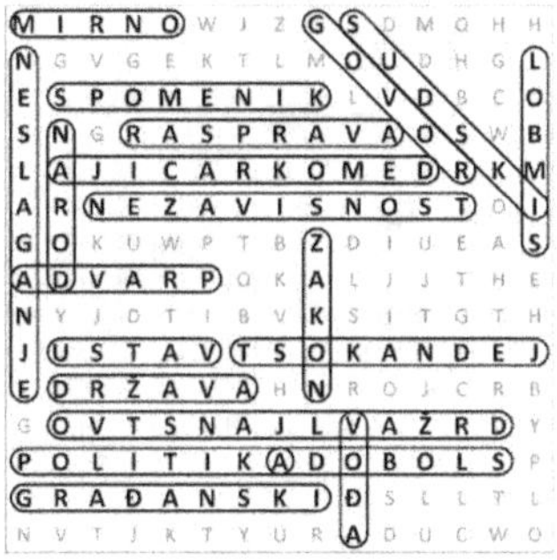

57 - Science Fiction

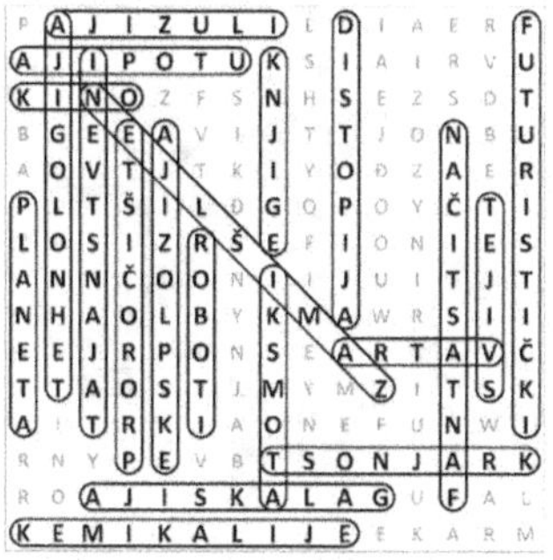

58 - Geometry

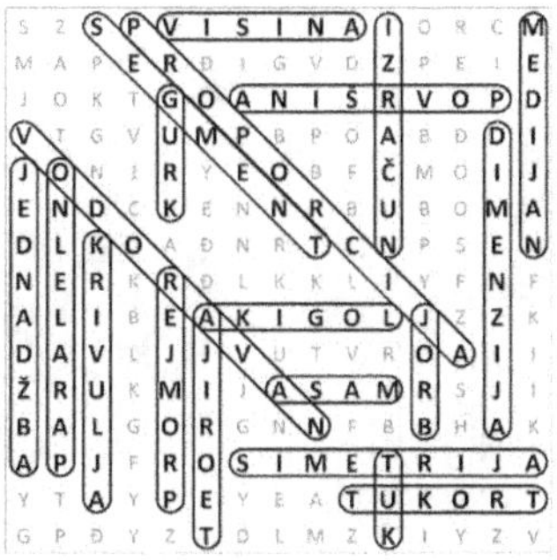

59 - Creativity

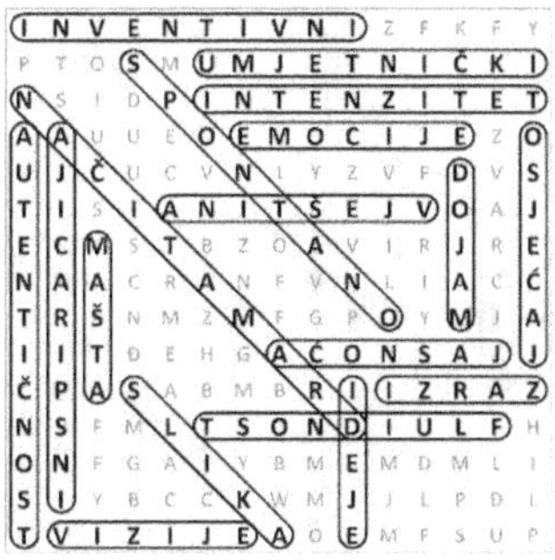

60 - Airplanes

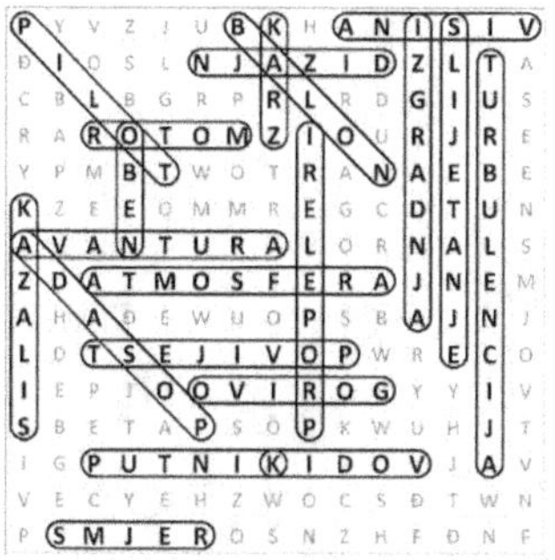

61 - Ocean

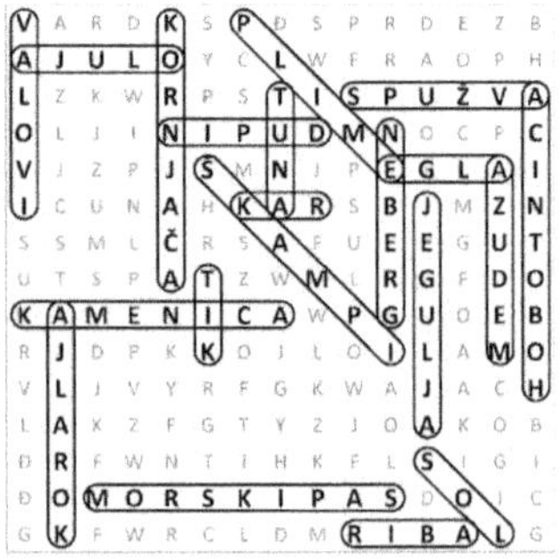

62 - Force and Gravity

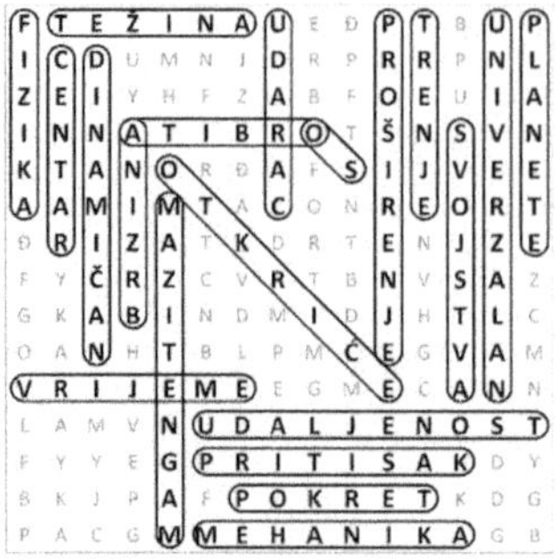

63 - Birds

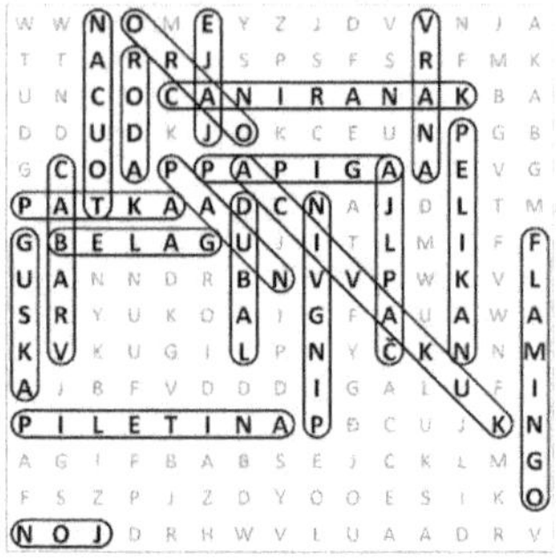

64 - Nutrition

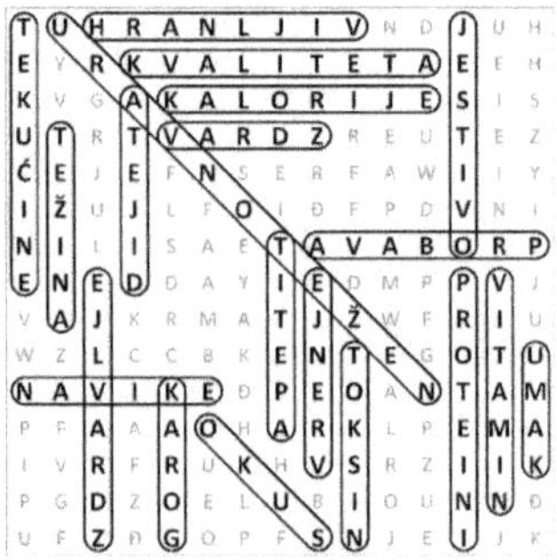

65 - Hiking

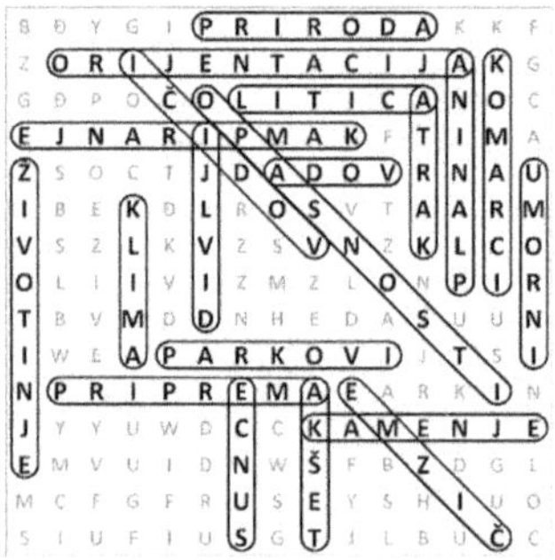

66 - Professions #1

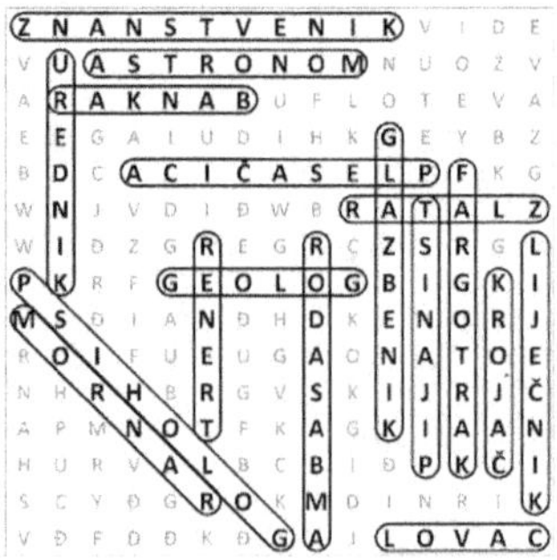

67 - Barbecues

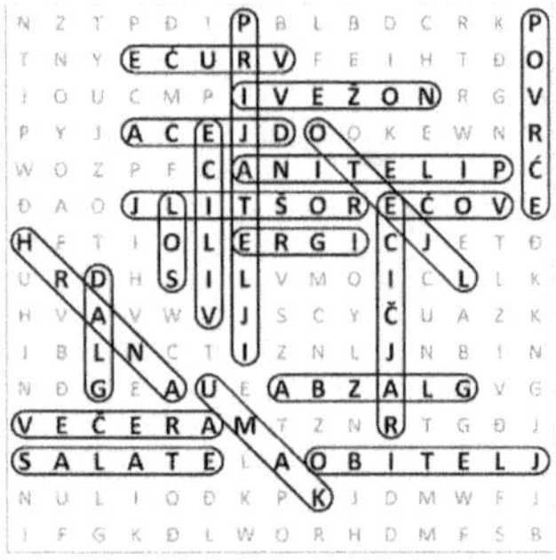

68 - Chocolate

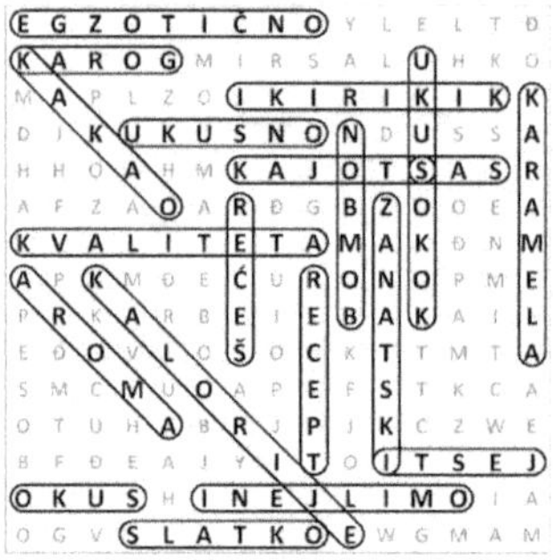

69 - Vegetables

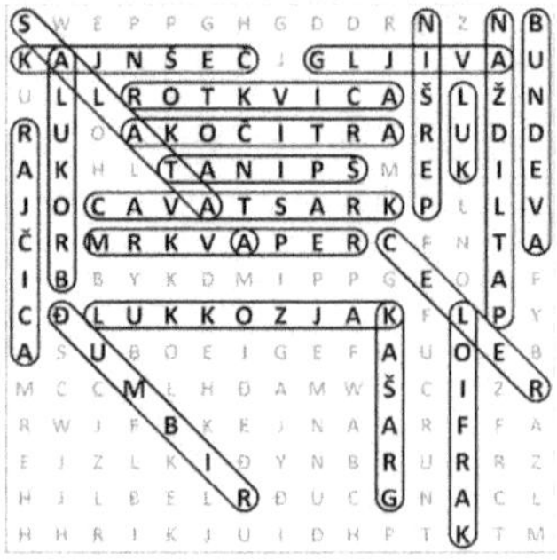

70 - The Media

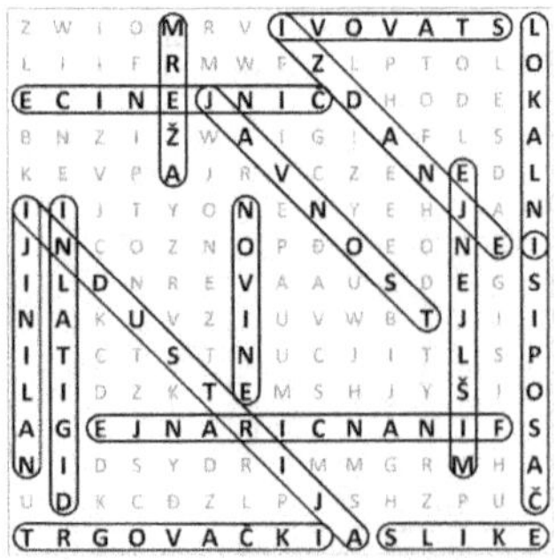

71 - Boats

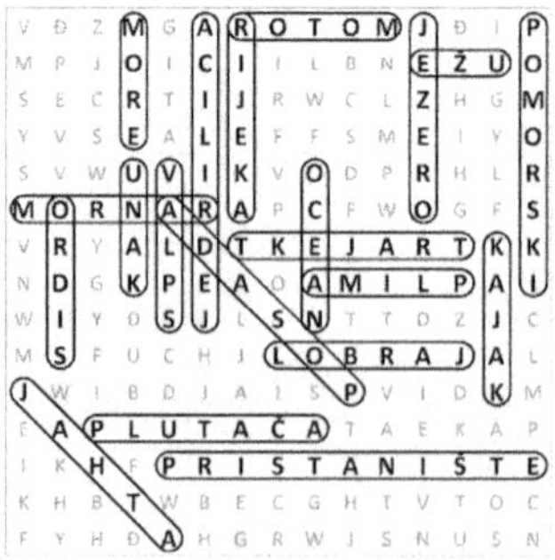

72 - Driving

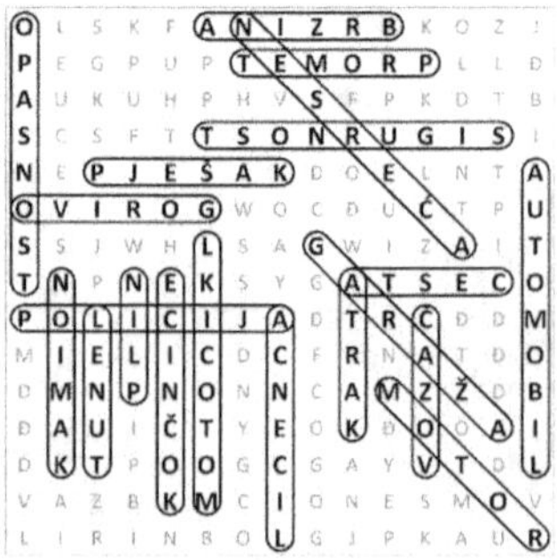

73 - Biology

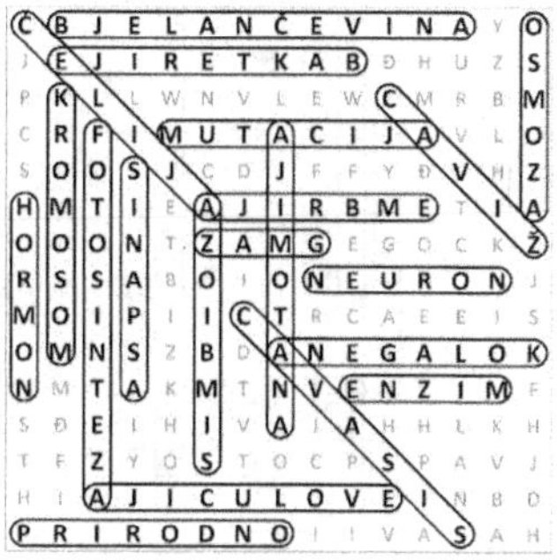

74 - Professions #2

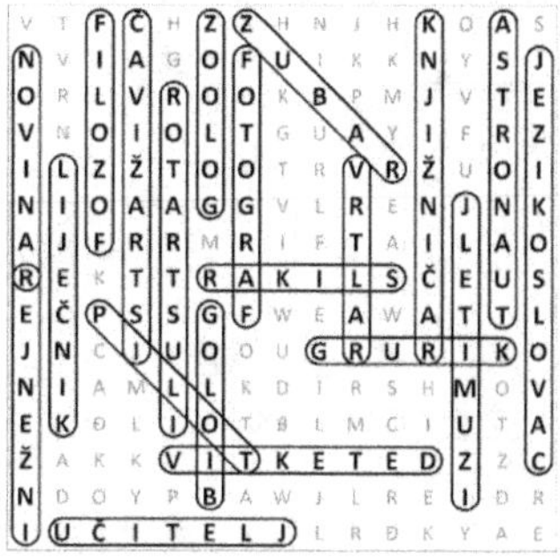

75 - Mythology

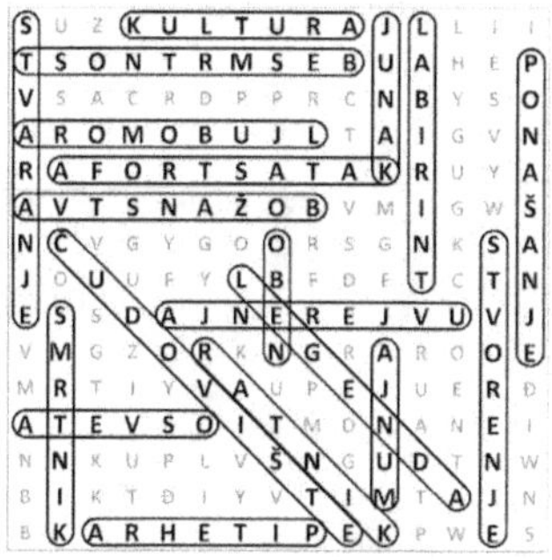

76 - Agronomy

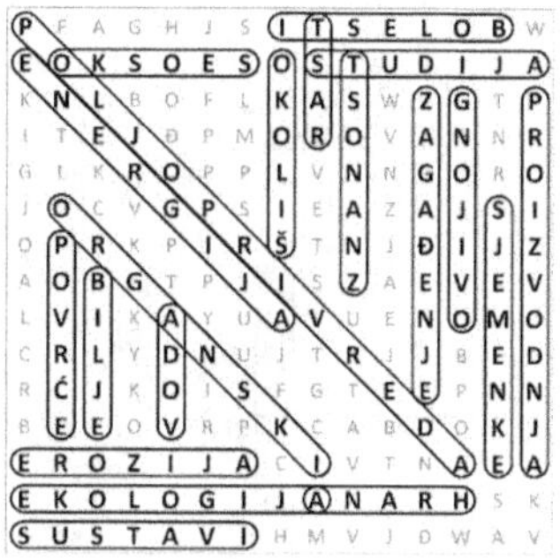

77 - Hair Types

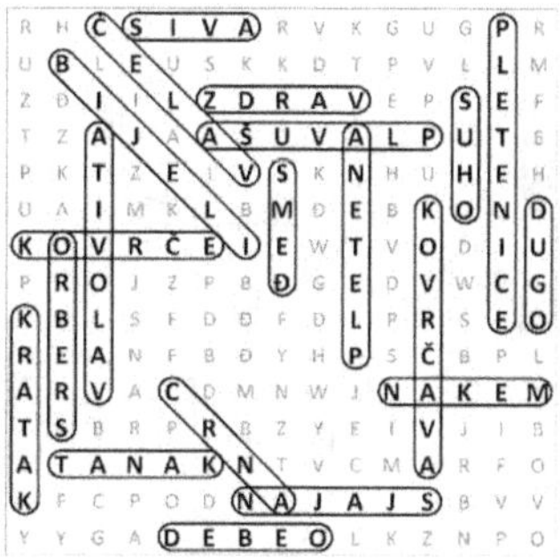

78 - Garden

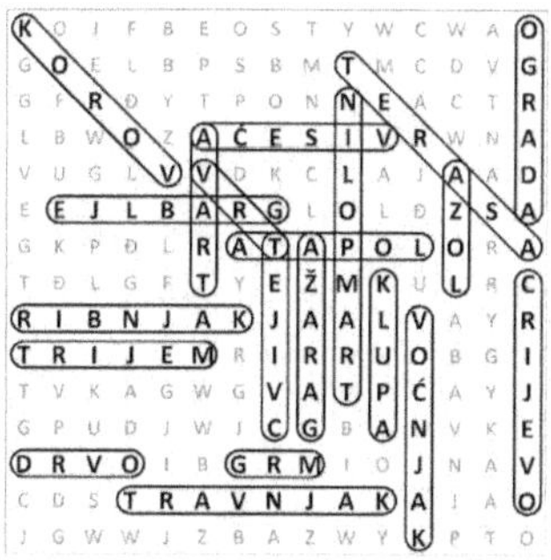

79 - Diplomacy

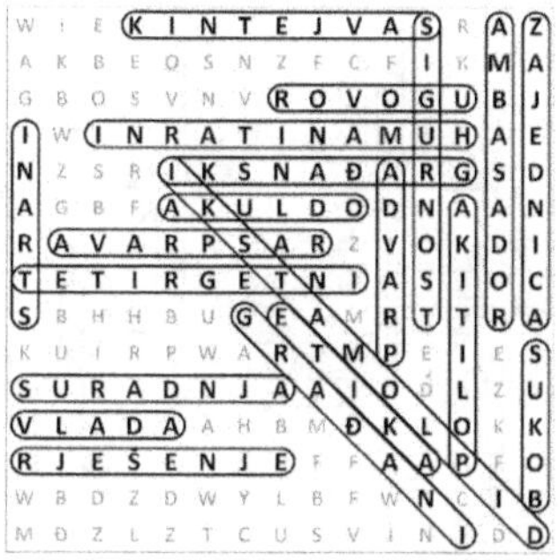

80 - Countries #1

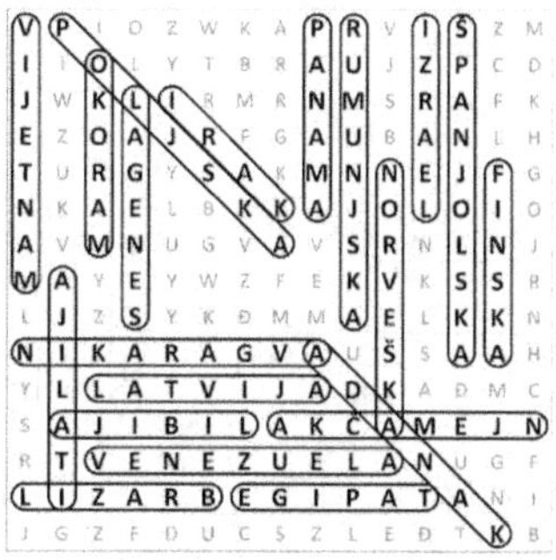

81 - Immigration

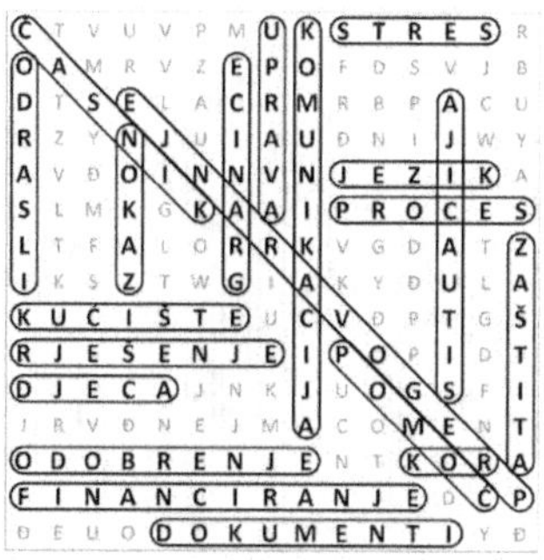

82 - Adjectives #1

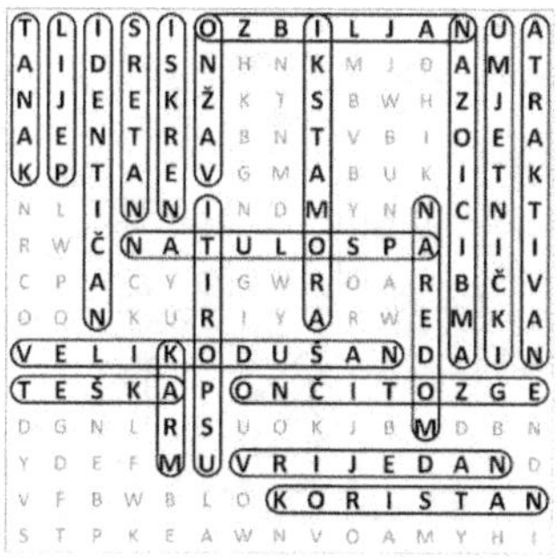

83 - Rainforest

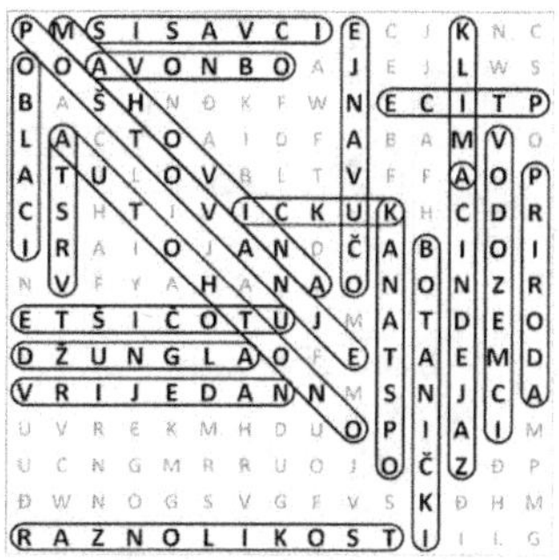

84 - Global Warming

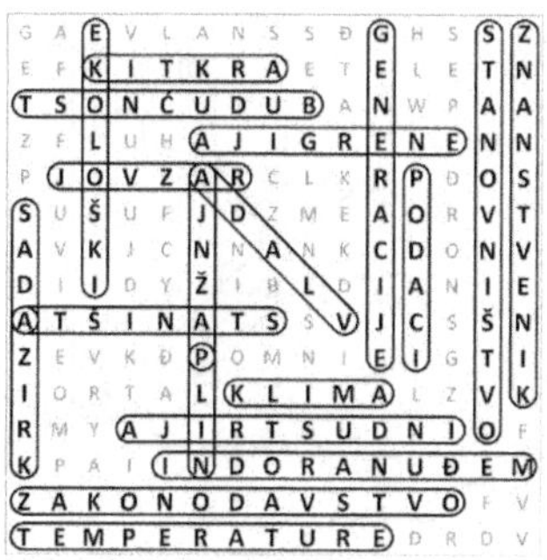

85 - Landscapes

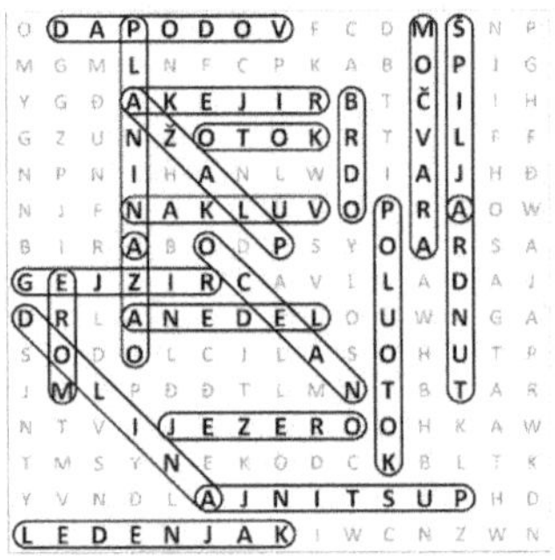

86 - Plants

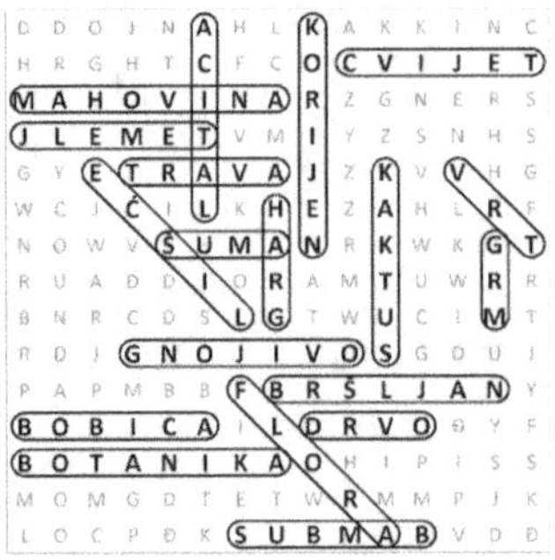

87 - Countries #2

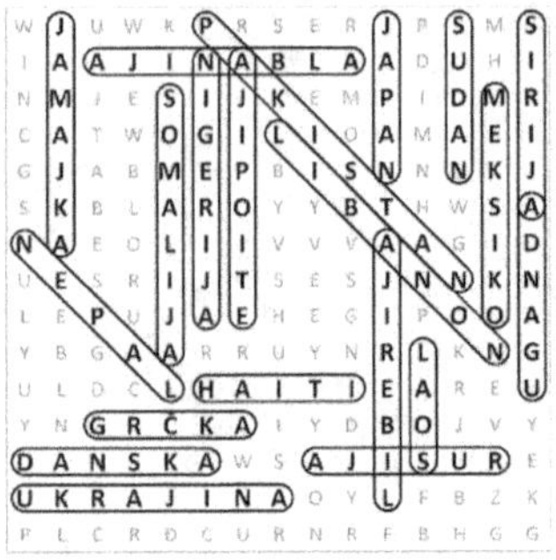

88 - Ecology

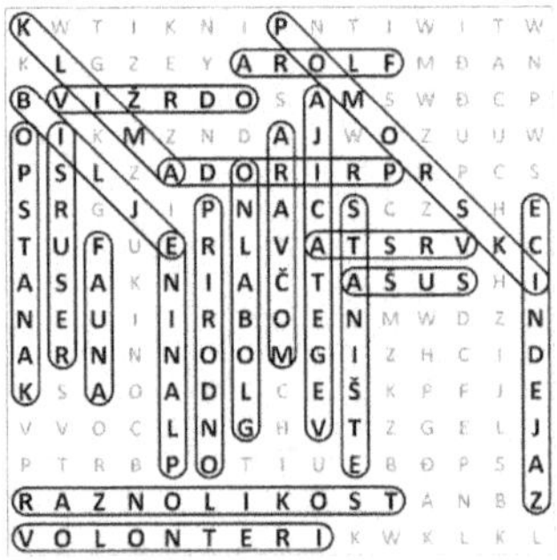

89 - Adjectives #2

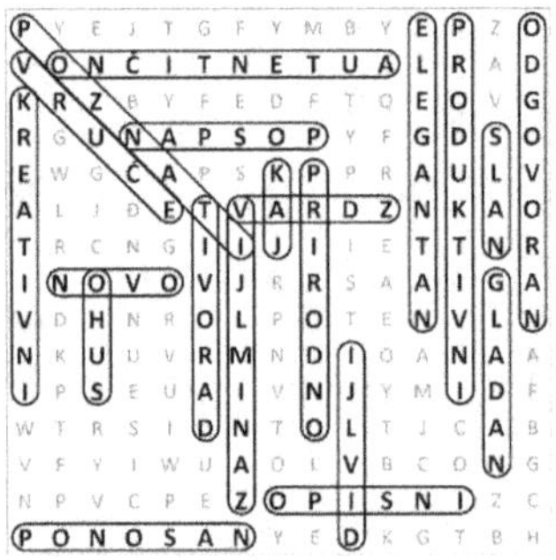

90 - Psychology

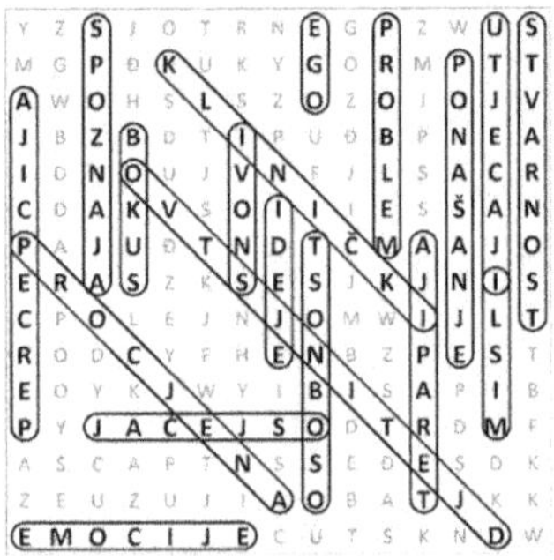

91 - Math

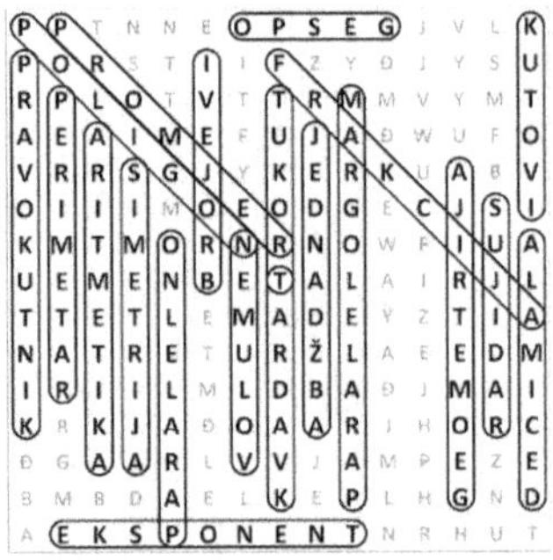

92 - Activities

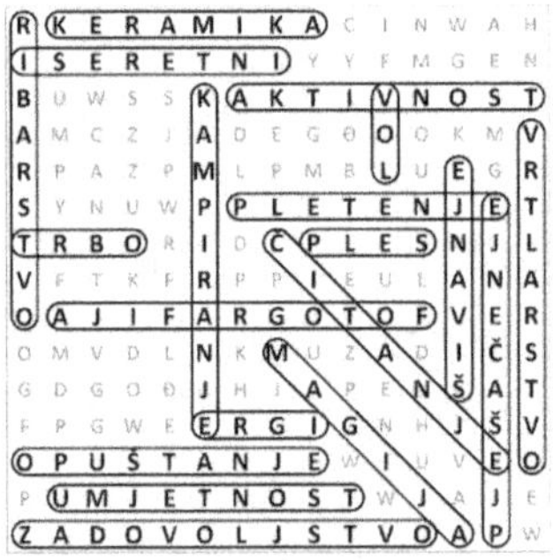

93 - Business

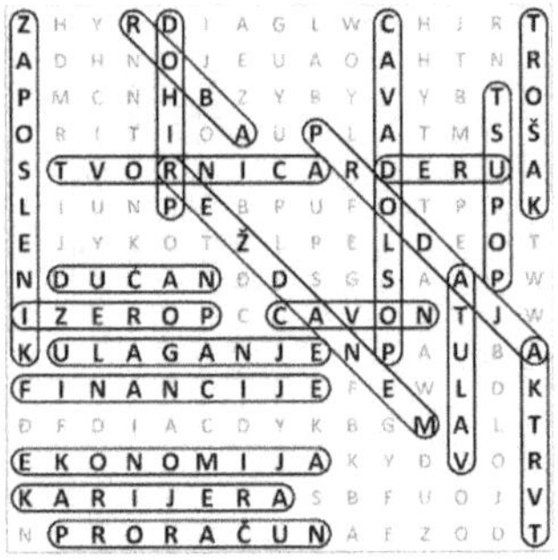

94 - The Company

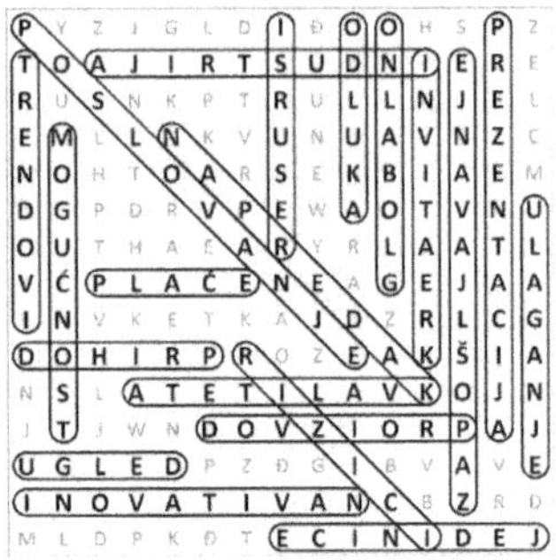

95 - Literature

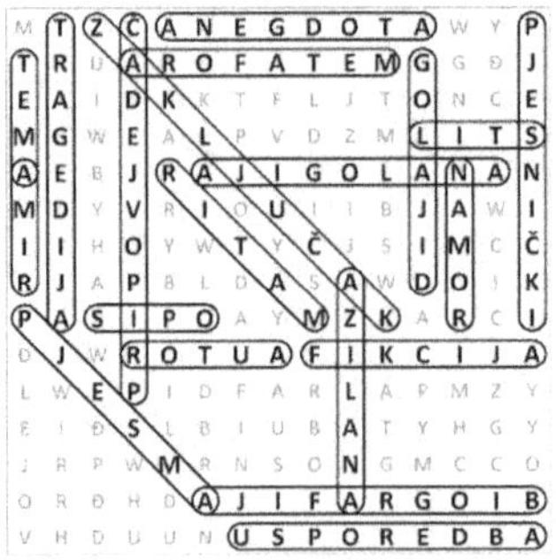

96 - Geography

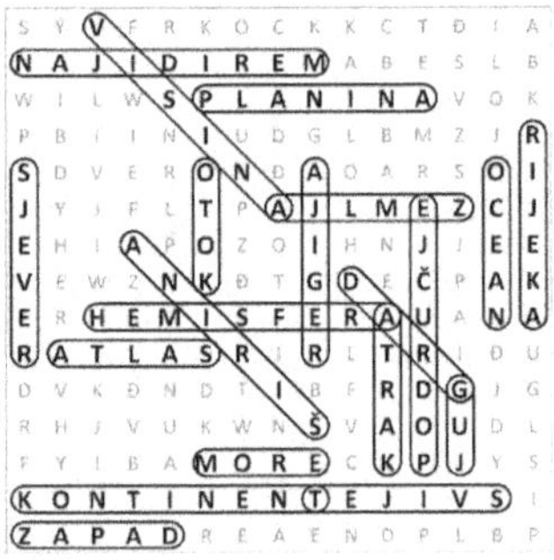

97 - Jazz

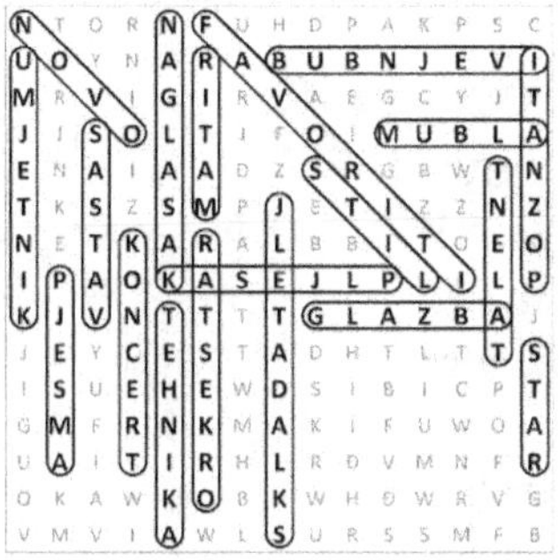

98 - Nature

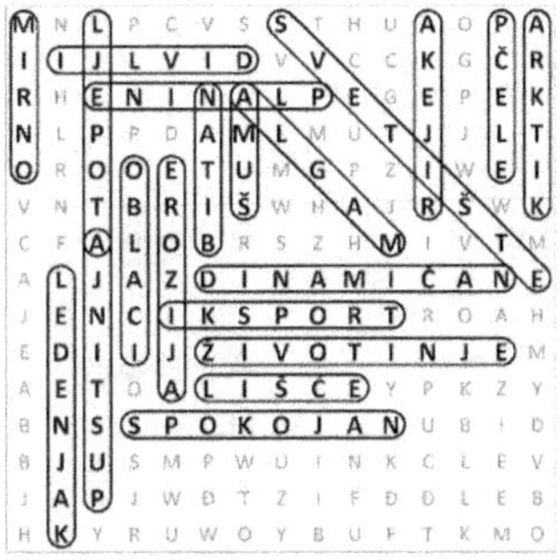

99 - Vacation #2

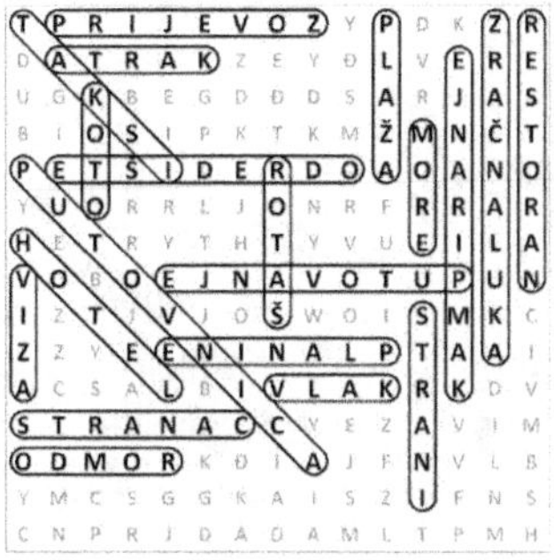

100 - Electricity

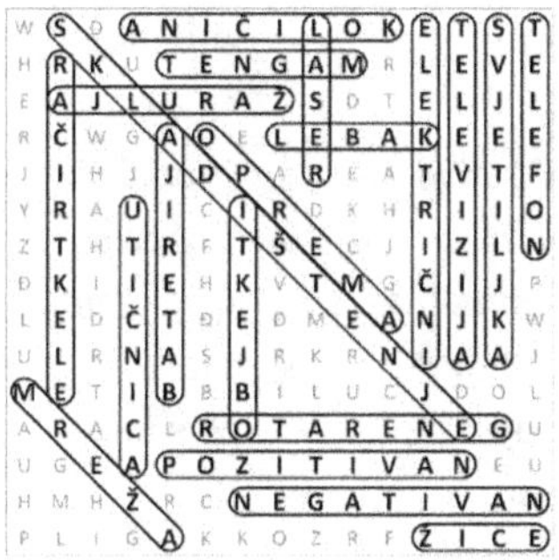

Dictionary

Activities
Aktivnosti

Activity	Aktivnost
Art	Umjetnost
Camping	Kampiranje
Ceramics	Keramika
Crafts	Obrt
Dancing	Ples
Fishing	Ribarstvo
Games	Igre
Gardening	Vrtlarstvo
Hiking	Pješačenje
Hunting	Lov
Interests	Interesi
Knitting	Pletenje
Magic	Magija
Photography	Fotografija
Pleasure	Zadovoljstvo
Reading	Čitanje
Relaxation	Opuštanje
Sewing	Šivanje
Skill	Vještina

Adjectives #1
Pridjevi № 1

Absolute	Apsolutan
Ambitious	Ambiciozan
Aromatic	Aromatski
Artistic	Umjetnički
Attractive	Atraktivan
Beautiful	Lijep
Dark	Mrak
Exotic	Egzotično
Generous	Velikodušan
Happy	Sretan
Heavy	Teška
Helpful	Koristan
Honest	Iskren
Identical	Identičan
Important	Važno
Modern	Moderan
Serious	Ozbiljan
Slow	Usporiti
Thin	Tanak
Valuable	Vrijedan

Adjectives #2
Pridjevi № 2

Authentic	Autentično
Creative	Kreativni
Descriptive	Opisni
Dry	Suho
Elegant	Elegantan
Famous	Poznati
Gifted	Darovit
Healthy	Zdrav
Hot	Vruće
Hungry	Gladan
Interesting	Zanimljiv
Natural	Prirodno
New	Novo
Productive	Produktivni
Proud	Ponosan
Responsible	Odgovoran
Salty	Slan
Sleepy	Pospan
Strong	Jak
Wild	Divlji

Adventure
Avantura

Activity	Aktivnost
Beauty	Ljepota
Bravery	Hrabrost
Challenges	Izazovi
Chance	Prilika
Dangerous	Opasno
Destination	Odredište
Difficulty	Teškoća
Enthusiasm	Entuzijazam
Excursion	Izlet
Friends	Prijatelji
Itinerary	Itinerar
Joy	Radost
Nature	Priroda
Navigation	Navigacija
New	Novo
Preparation	Priprema
Safety	Sigurnost
Surprising	Iznenađujući
Unusual	Neobično

Agronomy
Agronomija

Agriculture	Poljoprivreda
Diseases	Bolesti
Ecology	Ekologija
Energy	Energija
Environment	Okoliš
Erosion	Erozija
Fertilizer	Gnojivo
Food	Hrana
Growth	Rast
Organic	Organski
Plants	Bilje
Pollution	Zagađenje
Production	Proizvodnja
Rural	Seosko
Science	Znanost
Seeds	Sjemenke
Study	Studija
Systems	Sustavi
Vegetables	Povrće
Water	Voda

Airplanes
Zrakoplovi

Adventure	Avantura
Air	Zrak
Atmosphere	Atmosfera
Balloon	Balon
Construction	Izgradnja
Crew	Posada
Descent	Silazak
Design	Dizajn
Direction	Smjer
Engine	Motor
Fuel	Gorivo
Height	Visina
History	Povijest
Hydrogen	Vodik
Landing	Slijetanje
Passenger	Putnik
Pilot	Pilot
Propellers	Propeleri
Sky	Nebo
Turbulence	Turbulencija

Algebra
Algebra

Addition	Dodatak
Diagram	Dijagram
Division	Podjela
Equation	Jednadžba
Exponent	Eksponent
Factor	Faktor
False	Lažno
Formula	Formula
Fraction	Frakcija
Graph	Grafikon
Infinite	Beskonačno
Linear	Linearni
Matrix	Matrica
Number	Broj
Parenthesis	Zagrada
Problem	Problem
Solution	Rješenje
Subtraction	Oduzimanje
Variable	Varijabla
Zero	Nula

Antarctica
Antarktika

Bay	Zaljev
Birds	Ptice
Clouds	Oblaci
Conservation	Konzervacija
Continent	Kontinent
Cove	Uvala
Environment	Okoliš
Expedition	Ekspedicija
Geography	Geografija
Glaciers	Ledenjaci
Ice	Led
Islands	Otoci
Migration	Migracija
Peninsula	Poluotok
Researcher	Istraživač
Rocky	Stjenovita
Scientific	Znanstven
Temperature	Temperatura
Topography	Topografija
Water	Voda

Antiques
Antikviteti

Art	Umjetnost
Auction	Aukcija
Authentic	Autentično
Century	Stoljeće
Coins	Kovanice
Decades	Desetljeća
Decorative	Ukrasno
Elegant	Elegantan
Furniture	Namještaj
Gallery	Galerija
Investment	Ulaganje
Jewelry	Nakit
Old	Star
Price	Cijena
Quality	Kvaliteta
Restoration	Obnova
Sculpture	Skulptura
Style	Stil
Unusual	Neobično
Value	Vrijednost

Archeology
Arheologija

Analysis	Analiza
Bones	Kosti
Civilization	Civilizacija
Descendant	Potomak
Era	Doba
Evaluation	Evaluacija
Expert	Stručnjak
Forgotten	Zaboravio
Fossil	Fosil
Fragments	Fragmenti
Mystery	Misterija
Objects	Objekti
Professor	Profesor
Relic	Relikvija
Researcher	Istraživač
Ruins	Ruševine
Team	Tim
Temple	Hram
Tomb	Grob
Unknown	Nepoznat

Astronomy
Astronomija

Asteroid	Asteroid
Astronaut	Astronaut
Astronomer	Astronom
Constellation	Konstelacija
Cosmos	Kozmos
Earth	Zemlja
Eclipse	Pomrčina
Equinox	Ekvinocija
Galaxy	Galaksija
Meteor	Meteor
Moon	Mjesec
Nebula	Maglica
Observatory	Zvjezdarnica
Planet	Planeta
Radiation	Zračenje
Rocket	Raketa
Satellite	Satelit
Sky	Nebo
Supernova	Supernova
Zodiac	Zodijak

Ballet
Balet

Applause	Pljesak
Artistic	Umjetnički
Audience	Publika
Ballerina	Balerina
Choreography	Koreografija
Composer	Skladatelj
Dancers	Plesači
Expressive	Izražajan
Gesture	Gesta
Graceful	Graciozan
Intensity	Intenzitet
Lessons	Lekcije
Muscles	Mišići
Music	Glazba
Orchestra	Orkestar
Practice	Praksa
Rhythm	Ritam
Skill	Vještina
Style	Stil
Technique	Tehnika

Barbecues
Roštilji

Chicken	Piletina
Children	Djeca
Dinner	Večera
Family	Obitelj
Food	Hrana
Forks	Vilice
Friends	Prijatelji
Fruit	Voće
Games	Igre
Grill	Roštilj
Hot	Vruće
Hunger	Glad
Knives	Noževi
Music	Glazba
Salads	Salate
Salt	Sol
Sauce	Umak
Summer	Ljeto
Tomatoes	Rajčice
Vegetables	Povrće

Beauty
Ljepota

Charm	Šarm
Color	Boja
Cosmetics	Kozmetika
Curls	Kovrče
Elegance	Elegancija
Elegant	Elegantan
Fragrance	Miris
Grace	Milost
Lipstick	Ruž
Makeup	Šminka
Mascara	Maskara
Mirror	Ogledalo
Oils	Ulja
Photogenic	Fotogeničan
Products	Proizvodi
Scissors	Škare
Services	Usluge
Shampoo	Šampon
Skin	Koža
Stylist	Stilist

Bees
Pčele

Beneficial	Korisno
Blossom	Cvijet
Diversity	Raznolikost
Ecosystem	Ekosustav
Flowers	Cvijeće
Food	Hrana
Fruit	Voće
Garden	Vrt
Habitat	Stanište
Hive	Košnica
Honey	Med
Insect	Kukac
Plants	Bilje
Pollen	Pelud
Pollinator	Oprašivač
Queen	Kraljica
Smoke	Dim
Sun	Sunce
Swarm	Roj
Wax	Vosak

Biology
Biologija

Anatomy	Anatomija
Bacteria	Bakterije
Cell	Ćelija
Chromosome	Kromosom
Collagen	Kolagena
Embryo	Embrija
Enzyme	Enzim
Evolution	Evolucija
Hormone	Hormon
Mammal	Sisavac
Mutation	Mutacija
Natural	Prirodno
Nerve	Živac
Neuron	Neuron
Osmosis	Osmoza
Photosynthesis	Fotosinteza
Protein	Bjelančevina
Reptile	Gmaz
Symbiosis	Simbioza
Synapse	Sinapsa

Birds
Ptice

Canary	Kanarinac
Chicken	Piletina
Crow	Vrana
Cuckoo	Kukavica
Duck	Patka
Eagle	Orao
Egg	Jaje
Flamingo	Flamingo
Goose	Guska
Gull	Galeb
Heron	Čaplja
Ostrich	Noj
Parrot	Papiga
Peacock	Paun
Pelican	Pelikan
Penguin	Pingvin
Sparrow	Vrabac
Stork	Roda
Swan	Labud
Toucan	Toucan

Boats
Brodovi

Anchor	Sidro
Buoy	Plutača
Canoe	Kanu
Crew	Posada
Dock	Pristanište
Engine	Motor
Ferry	Trajekt
Kayak	Kajak
Lake	Jezero
Mast	Jarbol
Nautical	Pomorski
Ocean	Ocean
Raft	Splav
River	Rijeka
Rope	Uže
Sailboat	Jedrilica
Sailor	Mornar
Sea	More
Tide	Plima
Yacht	Jahta

Books
Knjige

Adventure	Avantura
Author	Autor
Collection	Zbirka
Context	Kontekst
Duality	Dualnost
Epic	Ep
Historical	Povijesni
Humorous	Duhovit
Inventive	Inventivni
Literary	Literarni
Narrator	Pripovjedač
Novel	Roman
Page	Stranica
Poem	Pjesma
Poetry	Poezija
Reader	Čitač
Relevant	Relevantan
Story	Priča
Tragic	Tragično
Written	Napisan

Buildings
Građevine

Apartment	Stan
Barn	Staja
Cabin	Kabina
Castle	Dvorac
Cinema	Kino
Factory	Tvornica
Farm	Farma
Hospital	Bolnica
Hostel	Hostel
Hotel	Hotel
Laboratory	Laboratorij
Museum	Muzej
Observatory	Zvjezdarnica
School	Škola
Stadium	Stadion
Supermarket	Supermarket
Tent	Šator
Theater	Kazalište
Tower	Toranj
University	Sveučilište

Business
Poslovanje

Budget	Proračun
Career	Karijera
Company	Tvrtka
Cost	Trošak
Currency	Valuta
Discount	Popust
Economics	Ekonomija
Employee	Zaposlenik
Employer	Poslodavac
Factory	Tvornica
Finance	Financije
Income	Prihod
Investment	Ulaganje
Manager	Menadžer
Merchandise	Roba
Money	Novac
Office	Ured
Sale	Prodaja
Shop	Dućan
Taxes	Porezi

Camping
Kampiranje

Adventure	Avantura
Animals	Životinje
Cabin	Kabina
Canoe	Kanu
Compass	Kompas
Fire	Vatra
Forest	Šuma
Fun	Zabava
Hammock	Viseća
Hat	Šešir
Hunting	Lov
Insect	Kukac
Lake	Jezero
Map	Karta
Moon	Mjesec
Mountain	Planina
Nature	Priroda
Rope	Uže
Tent	Šator
Trees	Drveća

Chemistry
Kemija

Acid	Kiselina
Atomic	Atomski
Carbon	Ugljik
Catalyst	Katalizator
Chlorine	Klor
Electron	Elektron
Enzyme	Enzim
Gas	Plin
Heat	Toplina
Hydrogen	Vodik
Ion	Ion
Liquid	Tekućina
Metals	Metali
Molecule	Molekula
Nuclear	Nuklearni
Organic	Organski
Oxygen	Kisik
Salt	Sol
Temperature	Temperatura
Weight	Težina

Chess
Šah

Black	Crna
Challenges	Izazovi
Champion	Prvak
Clever	Pametan
Contest	Natjecanje
Diagonal	Dijagonala
Game	Igra
King	Kralj
Opponent	Protivnik
Passive	Pasivno
Player	Igrač
Points	Točke
Queen	Kraljica
Rules	Pravila
Sacrifice	Žrtvovati
Strategy	Strategija
Time	Vrijeme
To Learn	Učiti
Tournament	Turnir
White	Bijeli

Chocolate
Čokolada

Aroma	Aroma
Artisanal	Zanatski
Bitter	Gorak
Cacao	Kakao
Calories	Kalorije
Candy	Bombon
Caramel	Karamela
Coconut	Kokos
Delicious	Ukusno
Exotic	Egzotično
Favorite	Omiljeni
Flavor	Okus
Ingredient	Sastojak
Peanuts	Kikiriki
Quality	Kvaliteta
Recipe	Recept
Sugar	Šećer
Sweet	Slatko
Taste	Ukus
To Eat	Jesti

Clothes
Odjeća

Apron	Pregača
Belt	Pojas
Blouse	Bluza
Bracelet	Narukvica
Coat	Kaput
Dress	Haljina
Fashion	Moda
Gloves	Rukavice
Hat	Šešir
Jacket	Jakna
Jeans	Traperice
Jewelry	Nakit
Pajamas	Pidžama
Pants	Hlače
Sandals	Sandale
Scarf	Šal
Shirt	Košulja
Shoe	Cipela
Skirt	Suknja
Sweater	Džemper

Coffee
Kava

Acidic	Kiselo
Aroma	Aroma
Beverage	Piće
Bitter	Gorak
Black	Crna
Caffeine	Kofein
Cream	Krema
Cup	Šalica
Filter	Filtar
Flavor	Okus
Grind	Samljeti
Liquid	Tekućina
Milk	Mlijeko
Morning	Jutro
Origin	Podrijetlo
Price	Cijena
Roasted	Pržena
Sugar	Šećer
To Drink	Piti
Water	Voda

Countries #1
Zemlje № 1

Brazil	Brazil
Canada	Kanada
Egypt	Egipat
Finland	Finska
Germany	Njemačka
Iraq	Irak
Israel	Izrael
Italy	Italija
Latvia	Latvija
Libya	Libija
Morocco	Maroko
Nicaragua	Nikaragva
Norway	Norveška
Panama	Panama
Poland	Poljska
Romania	Rumunjska
Senegal	Senegal
Spain	Španjolska
Venezuela	Venezuela
Vietnam	Vijetnam

Countries #2
Zemlje № 2

Albania	Albanija
Denmark	Danska
Ethiopia	Etiopija
Greece	Grčka
Haiti	Haiti
Jamaica	Jamajka
Japan	Japan
Laos	Laos
Lebanon	Libanon
Liberia	Liberija
Mexico	Meksiko
Nepal	Nepal
Nigeria	Nigerija
Pakistan	Pakistan
Russia	Rusija
Somalia	Somalija
Sudan	Sudan
Syria	Sirija
Uganda	Uganda
Ukraine	Ukrajina

Creativity
Kreativnost

Artistic	Umjetnički
Authenticity	Autentičnost
Clarity	Jasnoća
Dramatic	Dramatičan
Emotions	Emocije
Expression	Izraz
Fluidity	Fluidnost
Ideas	Ideje
Image	Slika
Imagination	Mašta
Impression	Dojam
Inspiration	Inspiracija
Intensity	Intenzitet
Intuition	Intuicija
Inventive	Inventivni
Sensation	Osjećaj
Skill	Vještina
Spontaneous	Spontano
Visions	Vizije
Vitality	Vitalnost

Dance
Ples

Academy	Akademija
Art	Umjetnost
Body	Tijelo
Choreography	Koreografija
Classical	Klasični
Cultural	Kulturni
Culture	Kultura
Emotion	Emocija
Expressive	Izražajan
Grace	Milost
Joyful	Radostan
Jump	Skok
Movement	Pokret
Music	Glazba
Partner	Partner
Posture	Držanje
Rehearsal	Proba
Rhythm	Ritam
Traditional	Tradicionalan
Visual	Vidni

Days and Months
Dani i Mjeseci

April	Travanj
August	Kolovoz
Calendar	Kalendar
February	Veljača
Friday	Petak
January	Siječanj
July	Srpanj
March	Ožujak
Monday	Ponedjeljak
Month	Mjesec
November	Studeni
October	Listopad
Saturday	Subota
September	Rujan
Sunday	Nedjelja
Thursday	Četvrtak
Tuesday	Utorak
Wednesday	Srijeda
Week	Tjedan
Year	Godina

Diplomacy
Diplomacija

Adviser	Savjetnik
Ambassador	Ambasador
Citizens	Građani
Civic	Građanski
Community	Zajednica
Conflict	Sukob
Cooperation	Suradnja
Diplomatic	Diplomatski
Discussion	Rasprava
Ethics	Etika
Foreign	Strani
Government	Vlada
Humanitarian	Humanitarni
Integrity	Integritet
Justice	Pravda
Politics	Politika
Resolution	Odluka
Security	Sigurnost
Solution	Rješenje
Treaty	Ugovor

Disease
Bolesti

Allergies	Alergije
Bacterial	Bakterijski
Body	Tijelo
Bones	Kosti
Chronic	Kroničan
Contagious	Zarazan
Genetic	Genetski
Health	Zdravlje
Heart	Srce
Hereditary	Nasljedno
Immunity	Imunitet
Inflammation	Upala
Neuropathy	Neuropatija
Pathogens	Patogena
Pulmonary	Plućni
Respiratory	Dišni
Syndrome	Sindrom
Therapy	Terapija
Weak	Slab
Wellness	Wellness

Driving
Vožnja

Accident	Nesreća
Brakes	Kočnice
Car	Automobil
Danger	Opasnost
Driver	Vozač
Fuel	Gorivo
Garage	Garaža
Gas	Plin
License	Licenca
Map	Karta
Motor	Motor
Motorcycle	Motocikl
Pedestrian	Pješak
Police	Policija
Road	Cesta
Safety	Sigurnost
Speed	Brzina
Traffic	Promet
Truck	Kamion
Tunnel	Tunel

Ecology
Ekologija

Climate	Klima
Communities	Zajednice
Diversity	Raznolikost
Drought	Suša
Fauna	Fauna
Flora	Flora
Global	Globalno
Habitat	Stanište
Marine	Pomorski
Marsh	Močvara
Mountains	Planine
Natural	Prirodno
Nature	Priroda
Plants	Bilje
Resources	Resursi
Species	Vrsta
Survival	Opstanak
Sustainable	Održiv
Vegetation	Vegetacija
Volunteers	Volonteri

Electricity
Struja

Battery	Baterija
Bulb	Žarulja
Cable	Kabel
Electric	Električni
Electrician	Električar
Equipment	Oprema
Generator	Generator
Lamp	Svjetiljka
Laser	Laser
Magnet	Magnet
Negative	Negativan
Network	Mreža
Objects	Objekti
Positive	Pozitivan
Quantity	Količina
Socket	Utičnica
Storage	Skladištenje
Telephone	Telefon
Television	Televizija
Wires	Žice

Energy
Energija

Battery	Baterija
Carbon	Ugljik
Diesel	Dizel
Electric	Električni
Electron	Elektron
Entropy	Entropija
Environment	Okoliš
Fuel	Gorivo
Gasoline	Benzin
Heat	Toplina
Hydrogen	Vodik
Industry	Industrija
Motor	Motor
Nuclear	Nuklearni
Photon	Foton
Pollution	Zagađenje
Renewable	Obnovljiv
Steam	Para
Turbine	Turbina
Wind	Vjetar

Engineering
Inženjerska Umjetnost

Angle	Kut
Axis	Os
Calculation	Izračun
Construction	Izgradnja
Depth	Dubina
Diagram	Dijagram
Diameter	Promjer
Diesel	Dizel
Distribution	Distribucija
Energy	Energija
Gears	Zupčanici
Levers	Poluge
Liquid	Tekućina
Machine	Stroj
Measurement	Mjerenje
Motor	Motor
Propulsion	Pogon
Stability	Stabilnost
Strength	Snaga
Structure	Struktura

Family
Obitelj

Ancestor	Predak
Aunt	Tetka
Brother	Brat
Child	Dijete
Childhood	Djetinjstvo
Children	Djeca
Cousin	Rođak
Daughter	Kći
Grandchild	Unuče
Grandfather	Djed
Grandson	Unuk
Husband	Muž
Maternal	Majčinski
Mother	Majka
Nephew	Nećak
Niece	Nećakinja
Paternal	Očinski
Sister	Sestra
Uncle	Ujak
Wife	Supruga

Farm #1
Farma Broj 1

Agriculture	Poljoprivreda
Bee	Pčela
Bison	Bizon
Calf	Tele
Cat	Mačka
Chicken	Piletina
Cow	Krava
Crow	Vrana
Dog	Pas
Donkey	Magarac
Fence	Ograda
Fertilizer	Gnojivo
Field	Polje
Goat	Koza
Hay	Sijeno
Honey	Med
Horse	Konj
Rice	Riža
Seeds	Sjemenke
Water	Voda

Farm #2
Farma № 2

Animals	Životinje
Barley	Ječam
Barn	Staja
Beehive	Košnica
Corn	Kukuruz
Duck	Patka
Food	Hrana
Fruit	Voće
Irrigation	Navodnjavanje
Lamb	Janjetina
Llama	Lame
Meadow	Livada
Milk	Mlijeko
Orchard	Voćnjak
Sheep	Ovce
Shepherd	Pastir
Tractor	Traktor
Vegetable	Povrće
Wheat	Pšenica
Windmill	Vjetrenjača

Fishing
Ribarstvo

Bait	Mamac
Basket	Košara
Beach	Plaža
Boat	Čamac
Cook	Kuhati
Equipment	Oprema
Exaggeration	Pretjerivanje
Fins	Peraje
Gills	Škrge
Hook	Kuka
Jaw	Čeljust
Lake	Jezero
Ocean	Ocean
Patience	Strpljenje
River	Rijeka
Scales	Vaga
Season	Sezona
Water	Voda
Weight	Težina
Wire	Žica

Flowers
Cvijeće

Bouquet	Buket
Clover	Djetelina
Daffodil	Narcis
Daisy	Tratinčica
Dandelion	Maslačak
Gardenia	Gardenija
Hibiscus	Hibiskus
Jasmine	Jasmin
Lavender	Lavanda
Lilac	Lila
Lily	Ljiljan
Magnolia	Magnolija
Orchid	Orhideja
Peony	Božur
Petal	Latica
Plumeria	Plumerija
Poppy	Mak
Rose	Ruža
Sunflower	Suncokret
Tulip	Tulipan

Food #1
Hrana # 1

Apricot	Marelica
Barley	Ječam
Basil	Bosiljak
Carrot	Mrkva
Cinnamon	Cimet
Garlic	Češnjak
Juice	Sok
Lemon	Limun
Milk	Mlijeko
Onion	Luk
Peanut	Kikiriki
Pear	Kruška
Salad	Salata
Salt	Sol
Soup	Juha
Spinach	Špinat
Strawberry	Jagoda
Sugar	Šećer
Tuna	Tuna
Turnip	Repa

Food #2
Hrana # 2

Apple	Jabuka
Artichoke	Artičoka
Banana	Banana
Broccoli	Brokula
Celery	Celer
Cheese	Sir
Cherry	Trešnja
Chicken	Piletina
Chocolate	Čokolada
Egg	Jaje
Eggplant	Patlidžan
Fish	Riba
Grape	Grožđe
Ham	Šunka
Kiwi	Kivi
Mushroom	Gljiva
Rice	Riža
Tomato	Rajčica
Wheat	Pšenica
Yogurt	Jogurt

Force and Gravity
Snaga i Gravitacija

Axis	Os
Center	Centar
Discovery	Otkriće
Distance	Udaljenost
Dynamic	Dinamičan
Expansion	Proširenje
Friction	Trenje
Impact	Udarac
Magnetism	Magnetizam
Mechanics	Mehanika
Motion	Pokret
Orbit	Orbita
Physics	Fizika
Planets	Planete
Pressure	Pritisak
Properties	Svojstva
Speed	Brzina
Time	Vrijeme
Universal	Univerzalan
Weight	Težina

Fruit
Voće

Apple	Jabuka
Apricot	Marelica
Avocado	Avokado
Banana	Banana
Berry	Bobica
Cherry	Trešnja
Coconut	Kokos
Fig	Smokva
Grape	Grožđe
Guava	Guava
Kiwi	Kivi
Lemon	Limun
Mango	Mango
Melon	Dinja
Orange	Naranča
Papaya	Papaja
Peach	Breskva
Pear	Kruška
Pineapple	Ananas
Raspberry	Malina

Garden
Vrt

Bench	Klupa
Bush	Grm
Fence	Ograda
Flower	Cvijet
Garage	Garaža
Garden	Vrt
Grass	Trava
Hammock	Viseća
Hose	Crijevo
Lawn	Travnjak
Orchard	Voćnjak
Pond	Ribnjak
Porch	Trijem
Rake	Grablje
Shovel	Lopata
Terrace	Terasa
Trampoline	Trampolin
Tree	Drvo
Vine	Loza
Weeds	Korov

Gardening
Vrtlarstvo

Blossom	Cvijet
Botanical	Botanički
Bouquet	Buket
Climate	Klima
Compost	Kompost
Container	Kontejner
Dirt	Prljavština
Edible	Jestivo
Exotic	Egzotično
Floral	Cvjetni
Foliage	Lišće
Hose	Crijevo
Leaf	List
Moisture	Vlaga
Orchard	Voćnjak
Seasonal	Sezonski
Seeds	Sjemenke
Soil	Tlo
Species	Vrsta
Water	Voda

Geography
Geografija

Altitude	Visina
Atlas	Atlas
City	Grad
Continent	Kontinent
Country	Zemlja
Hemisphere	Hemisfera
Island	Otok
Latitude	Širina
Map	Karta
Meridian	Meridijan
Mountain	Planina
North	Sjever
Ocean	Ocean
Region	Regija
River	Rijeka
Sea	More
South	Jug
Territory	Područje
West	Zapad
World	Svijet

Geology
Geologija

Acid	Kiselina
Calcium	Kalcij
Cavern	Kaverna
Continent	Kontinent
Coral	Koralja
Crystals	Kristali
Cycles	Ciklusi
Earthquake	Potres
Erosion	Erozija
Fossil	Fosil
Geyser	Gejzir
Lava	Lava
Layer	Sloj
Minerals	Minerali
Plateau	Plato
Quartz	Kvarc
Salt	Sol
Stalactite	Stalaktit
Stone	Kamen
Volcano	Vulkan

Geometry
Geometrija

Angle	Kut
Calculation	Izračun
Circle	Krug
Curve	Krivulja
Diameter	Promjer
Dimension	Dimenzija
Equation	Jednadžba
Height	Visina
Horizontal	Vodoravan
Logic	Logika
Mass	Masa
Median	Medijan
Number	Broj
Parallel	Paralelno
Proportion	Proporcija
Segment	Segment
Surface	Površina
Symmetry	Simetrija
Theory	Teorija
Triangle	Trokut

Global Warming
Globalno Zagrijavanje

Arctic	Arktik
Attention	Pažnja
Climate	Klima
Crisis	Kriza
Data	Podaci
Development	Razvoj
Energy	Energija
Environmental	Ekološki
Future	Budućnost
Gas	Plin
Generations	Generacije
Government	Vlada
Habitats	Staništa
Industry	Industrija
International	Međunarodni
Legislation	Zakonodavstvo
Now	Sada
Populations	Stanovništvo
Scientist	Znanstvenik
Temperatures	Temperature

Government
Vlada

Citizenship	Državljanstvo
Civil	Građanski
Constitution	Ustav
Democracy	Demokracija
Discussion	Rasprava
Dissent	Neslaganje
Equality	Jednakost
Independence	Nezavisnost
Judicial	Sudski
Justice	Pravda
Law	Zakon
Leader	Vođa
Liberty	Sloboda
Monument	Spomenik
Nation	Narod
Peaceful	Mirno
Politics	Politika
Speech	Govor
State	Država
Symbol	Simbol

Hair Types
Vrste Kose

Bald	Ćelav
Black	Crna
Blond	Plavuša
Braided	Pletena
Braids	Pletenice
Brown	Smeđ
Curls	Kovrče
Curly	Kovrčava
Dry	Suho
Gray	Siva
Healthy	Zdrav
Long	Dugo
Shiny	Sjajan
Short	Kratak
Silver	Srebro
Soft	Mekan
Thick	Debeo
Thin	Tanak
Wavy	Valovita
White	Bijeli

Health and Wellness #1
Zdravlje i Wellness # 1

Active	Aktivan
Bacteria	Bakterije
Bones	Kosti
Clinic	Klinika
Doctor	Liječnik
Fracture	Lom
Habit	Navika
Height	Visina
Hormones	Hormoni
Hunger	Glad
Medicine	Lijek
Muscles	Mišići
Nerves	Živci
Pharmacy	Ljekarna
Reflex	Refleks
Relaxation	Opuštanje
Skin	Koža
Therapy	Terapija
Treatment	Liječenje
Virus	Virus

Health and Wellness #2
Zdravlje i Wellness # 2

Allergy	Alergija
Anatomy	Anatomija
Appetite	Apetit
Blood	Krv
Calorie	Kalorija
Dehydration	Dehidracija
Diet	Dijeta
Disease	Bolest
Energy	Energija
Genetics	Genetika
Healthy	Zdrav
Hospital	Bolnica
Hygiene	Higijena
Infection	Infekcija
Massage	Masaža
Nutrition	Ishrana
Recovery	Oporavak
Stress	Stres
Vitamin	Vitamin
Weight	Težina

Herbalism
Herbalizam

Aromatic	Aromatski
Basil	Bosiljak
Beneficial	Korisno
Culinary	Kulinarski
Fennel	Komorač
Flavor	Okus
Flower	Cvijet
Garden	Vrt
Garlic	Češnjak
Green	Zelen
Ingredient	Sastojak
Lavender	Lavanda
Marjoram	Mažuran
Mint	Metvice
Oregano	Origano
Parsley	Peršin
Plant	Biljka
Rosemary	Ružmarin
Saffron	Šafran
Tarragon	Dragulj

Hiking
Planinarenje

Animals	Životinje
Boots	Čizme
Camping	Kampiranje
Cliff	Litica
Climate	Klima
Guides	Vodiči
Hazards	Opasnosti
Heavy	Teška
Map	Karta
Mosquitoes	Komarci
Mountain	Planina
Nature	Priroda
Orientation	Orijentacija
Parks	Parkovi
Preparation	Priprema
Stones	Kamenje
Sun	Sunce
Tired	Umorni
Water	Voda
Wild	Divlji

House
Kuća

Attic	Potkrovlje
Broom	Metla
Curtains	Zavjese
Door	Vrata
Fence	Ograda
Fireplace	Kamin
Floor	Kat
Furniture	Namještaj
Garage	Garaža
Garden	Vrt
Keys	Tipke
Kitchen	Kuhinja
Lamp	Svjetiljka
Library	Knjižnica
Mirror	Ogledalo
Roof	Krov
Room	Soba
Shower	Tuš
Wall	Zid
Window	Prozor

Human Body
Ljudsko Tijelo

Ankle	Gležanj
Blood	Krv
Bones	Kosti
Brain	Mozak
Chin	Brada
Ear	Uho
Elbow	Lakat
Face	Lice
Finger	Prst
Hand	Ruka
Head	Glava
Heart	Srce
Jaw	Čeljust
Knee	Koljeno
Leg	Noga
Mouth	Usta
Neck	Vrat
Nose	Nos
Shoulder	Rame
Skin	Koža

Immigration
Imigracija

Administration	Uprava
Adults	Odrasli
Aid	Pomoć
Approval	Odobrenje
Borders	Granice
Children	Djeca
Communication	Komunikacija
Deadline	Rok
Documents	Dokumenti
Funding	Financiranje
Housing	Kućište
Language	Jezik
Law	Zakon
Negotiation	Pregovaranje
Officer	Časnik
Process	Proces
Protection	Zaštita
Situation	Situacija
Solution	Rješenje
Stress	Stres

Jazz
Jazz

Album	Album
Applause	Pljesak
Artist	Umjetnik
Composer	Skladatelj
Composition	Sastav
Concert	Koncert
Drums	Bubnjevi
Emphasis	Naglasak
Famous	Poznati
Favorites	Favoriti
Improvisation	Improvizacija
Music	Glazba
New	Novo
Old	Star
Orchestra	Orkestar
Rhythm	Ritam
Song	Pjesma
Style	Stil
Talent	Talent
Technique	Tehnika

Landscapes
Krajolici

Beach	Plaža
Cave	Špilja
Desert	Pustinja
Geyser	Gejzir
Glacier	Ledenjak
Hill	Brdo
Iceberg	Ledena
Island	Otok
Lake	Jezero
Mountain	Planina
Oasis	Oaza
Ocean	Ocean
Peninsula	Poluotok
River	Rijeka
Sea	More
Swamp	Močvara
Tundra	Tundra
Valley	Dolina
Volcano	Vulkan
Waterfall	Vodopad

Literature
Književnost

Analogy	Analogija
Analysis	Analiza
Anecdote	Anegdota
Author	Autor
Biography	Biografija
Comparison	Usporedba
Conclusion	Zaključak
Description	Opis
Dialogue	Dijalog
Fiction	Fikcija
Metaphor	Metafora
Narrator	Pripovjedač
Novel	Roman
Poem	Pjesma
Poetic	Pjesnički
Rhyme	Rima
Rhythm	Ritam
Style	Stil
Theme	Tema
Tragedy	Tragedija

Mammals
Sisavci

Bear	Snositi
Beaver	Dabar
Bull	Bik
Cat	Mačka
Coyote	Kojot
Dog	Pas
Dolphin	Dupin
Elephant	Slon
Fox	Lisica
Giraffe	Žirafa
Gorilla	Gorila
Horse	Konj
Kangaroo	Klokan
Lion	Lav
Monkey	Majmun
Rabbit	Zec
Sheep	Ovce
Whale	Kit
Wolf	Vuk
Zebra	Zebra

Math
Matematika

Angles	Kutovi
Arithmetic	Aritmetika
Circumference	Opseg
Decimal	Decimala
Diameter	Promjer
Equation	Jednadžba
Exponent	Eksponent
Fraction	Frakcija
Geometry	Geometrija
Numbers	Brojevi
Parallel	Paralelno
Parallelogram	Paralelogram
Perimeter	Perimetar
Polygon	Poligon
Radius	Radijus
Rectangle	Pravokutnik
Square	Kvadrat
Symmetry	Simetrija
Triangle	Trokut
Volume	Volumen

Measurements
Mjerenja

Byte	Bajt
Centimeter	Centimetar
Decimal	Decimala
Degree	Stupanj
Depth	Dubina
Gram	Gram
Height	Visina
Inch	Inč
Kilogram	Kilogram
Kilometer	Kilometar
Length	Dužina
Liter	Litra
Mass	Masa
Meter	Metar
Minute	Minuta
Ounce	Unca
Ton	Tona
Volume	Volumen
Weight	Težina
Width	Širina

Meditation
Meditacija

Acceptance	Prihvaćanje
Awake	Budan
Breathing	Disanje
Calm	Miran
Clarity	Jasnoća
Compassion	Suosjećanje
Emotions	Emocije
Gratitude	Zahvalnost
Habits	Navike
Kindness	Ljubaznost
Mental	Mentalno
Mind	Um
Movement	Pokret
Music	Glazba
Nature	Priroda
Peace	Mir
Perspective	Perspektiva
Silence	Tišina
Thoughts	Misli
To Learn	Učiti

Music
Glazba, Muzika

Album	Album
Ballad	Balada
Chorus	Zbor
Classical	Klasični
Eclectic	Eklektičan
Harmonic	Harmonijski
Harmony	Sklad
Lyrical	Lirski
Melody	Melodija
Microphone	Mikrofon
Musical	Mjuzikl
Musician	Glazbenik
Opera	Opera
Poetic	Pjesnički
Recording	Snimanje
Rhythm	Ritam
Rhythmic	Ritmičan
Sing	Pjevati
Singer	Pjevač
Vocal	Vokalni

Musical Instruments
Glazbeni Instrumenti

Banjo	Bendžo
Bassoon	Fagot
Cello	Violončelo
Clarinet	Klarinet
Drum	Bubanj
Flute	Flauta
Gong	Gong
Guitar	Gitara
Harmonica	Harmonika
Harp	Harfa
Mandolin	Mandolina
Marimba	Marimba
Oboe	Oboa
Percussion	Udaraljke
Piano	Klavir
Saxophone	Saksofon
Tambourine	Tamburaški
Trombone	Trombon
Trumpet	Truba
Violin	Violina

Mythology
Mitologija

Archetype	Arhetip
Behavior	Ponašanje
Beliefs	Uvjerenja
Creation	Stvaranje
Creature	Stvorenje
Culture	Kultura
Deities	Božanstva
Disaster	Katastrofa
Heaven	Nebo
Hero	Junak
Immortality	Besmrtnost
Jealousy	Ljubomora
Labyrinth	Labirint
Legend	Legenda
Lightning	Munja
Monster	Čudovište
Mortal	Smrtnik
Revenge	Osveta
Thunder	Grmljavina
Warrior	Ratnik

Nature
Priroda

Animals	Životinje
Arctic	Arktik
Beauty	Ljepota
Bees	Pčele
Clouds	Oblaci
Desert	Pustinja
Dynamic	Dinamičan
Erosion	Erozija
Fog	Magla
Foliage	Lišće
Forest	Šuma
Glacier	Ledenjak
Mountains	Planine
Peaceful	Mirno
River	Rijeka
Sanctuary	Svetište
Serene	Spokojan
Tropical	Tropski
Vital	Bitan
Wild	Divlji

Numbers
Brojevi

Decimal	Decimala
Eight	Osam
Eighteen	Osamnaest
Fifteen	Petnaest
Five	Pet
Four	Četiri
Fourteen	Četrnaest
Nine	Devet
Nineteen	Devetnaest
One	Jedan
Seven	Sedam
Seventeen	Sedamnaest
Six	Šest
Sixteen	Šesnaest
Ten	Deset
Thirteen	Trinaest
Three	Tri
Twelve	Dvanaest
Twenty	Dvadeset
Two	Dva

Nutrition
Prehrana

Appetite	Apetit
Balanced	Uravnotežen
Bitter	Gorak
Calories	Kalorije
Diet	Dijeta
Digestion	Probava
Edible	Jestivo
Fermentation	Vrenje
Flavor	Okus
Habits	Navike
Health	Zdravlje
Healthy	Zdrav
Liquids	Tekućine
Nutrient	Hranljiv
Proteins	Proteini
Quality	Kvaliteta
Sauce	Umak
Toxin	Toksin
Vitamin	Vitamin
Weight	Težina

Ocean
Ocean

Coral	Koralja
Crab	Rak
Dolphin	Dupin
Eel	Jegulja
Fish	Riba
Jellyfish	Meduza
Octopus	Hobotnica
Oyster	Kamenica
Reef	Greben
Salt	Sol
Seaweed	Alge
Shark	Morski Pas
Shrimp	Škampi
Sponge	Spužva
Storm	Oluja
Tides	Plime
Tuna	Tuna
Turtle	Kornjača
Waves	Valovi
Whale	Kit

Photography
Fotografija

Black	Crna
Camera	Kamera
Color	Boja
Composition	Sastav
Contrast	Kontrast
Darkness	Tama
Definition	Definicija
Exhibition	Izložba
Format	Format
Frame	Okvir
Lighting	Rasvjeta
Object	Objekt
Perspective	Perspektiva
Portrait	Portret
Shadows	Sjene
Soften	Omekšati
Subject	Predmet
Texture	Tekstura
View	Pogled
Visual	Vidni

Physics
Fizika

Acceleration	Ubrzanje
Atom	Atom
Chaos	Kaos
Chemical	Kemijski
Density	Gustoća
Electron	Elektron
Engine	Motor
Expansion	Proširenje
Formula	Formula
Frequency	Frekvencija
Gas	Plin
Magnetism	Magnetizam
Mass	Masa
Mechanics	Mehanika
Molecule	Molekula
Nuclear	Nuklearni
Particle	Čestica
Relativity	Relativnost
Universal	Univerzalan
Velocity	Brzina

Plants
Biljke

Bamboo	Bambus
Bean	Grah
Berry	Bobica
Botany	Botanika
Bush	Grm
Cactus	Kaktus
Fertilizer	Gnojivo
Flora	Flora
Flower	Cvijet
Foliage	Lišće
Forest	Šuma
Garden	Vrt
Grass	Trava
Ivy	Bršljan
Moss	Mahovina
Petal	Latica
Root	Korijen
Stem	Temelj
Tree	Drvo
Vegetation	Vegetacija

Professions #1
Zanimanja № 1

Ambassador	Ambasador
Astronomer	Astronom
Attorney	Odvjetnik
Banker	Bankar
Cartographer	Kartograf
Coach	Trener
Dancer	Plesačica
Doctor	Liječnik
Editor	Urednik
Firefighter	Vatrogasac
Geologist	Geolog
Hunter	Lovac
Jeweler	Zlatar
Musician	Glazbenik
Pianist	Pijanist
Psychologist	Psiholog
Sailor	Mornar
Scientist	Znanstvenik
Tailor	Krojač
Veterinarian	Veterinar

Professions #2
Zanimanja № 2

Astronaut	Astronaut
Biologist	Biolog
Dentist	Zubar
Detective	Detektiv
Engineer	Inženjer
Gardener	Vrtlar
Illustrator	Ilustrator
Inventor	Izumitelj
Journalist	Novinar
Librarian	Knjižničar
Linguist	Jezikoslovac
Painter	Slikar
Philosopher	Filozof
Photographer	Fotograf
Physician	Liječnik
Pilot	Pilot
Researcher	Istraživač
Surgeon	Kirurg
Teacher	Učitelj
Zoologist	Zoolog

Psychology
Psihologija

Assessment	Procjena
Behavior	Ponašanje
Childhood	Djetinjstvo
Clinical	Klinički
Cognition	Spoznaja
Conflict	Sukob
Dreams	Snovi
Ego	Ego
Emotions	Emocije
Experiences	Iskustva
Ideas	Ideje
Influences	Utjecaji
Perception	Percepcija
Personality	Osobnost
Problem	Problem
Reality	Stvarnost
Sensation	Osjećaj
Therapy	Terapija
Thoughts	Misli
Unconscious	Nesvjesno

Rainforest
Prašuma

Amphibians	Vodozemci
Birds	Ptice
Botanical	Botanički
Climate	Klima
Clouds	Oblaci
Community	Zajednica
Diversity	Raznolikost
Indigenous	Autohtono
Insects	Kukci
Jungle	Džungla
Mammals	Sisavci
Moss	Mahovina
Nature	Priroda
Preservation	Očuvanje
Refuge	Utočište
Respect	Poštovanje
Restoration	Obnova
Species	Vrsta
Survival	Opstanak
Valuable	Vrijedan

Restaurant #1
Restoran Broj 1

Allergy	Alergija
Bowl	Zdjela
Bread	Kruh
Cashier	Blagajnik
Chicken	Piletina
Coffee	Kava
Dessert	Desert
Food	Hrana
Ingredients	Sastojci
Kitchen	Kuhinja
Knife	Nož
Meat	Meso
Menu	Jelovnik
Napkin	Ubrus
Plate	Tanjur
Reservation	Rezervacija
Sauce	Umak
Spicy	Akutni
To Eat	Jesti
Waitress	Konobarica

Restaurant #2
Restoran Broj 2

Beverage	Piće
Cake	Torta
Chair	Stolica
Delicious	Ukusno
Dinner	Večera
Eggs	Jaja
Fish	Riba
Fork	Vilica
Fruit	Voće
Ice	Led
Lunch	Ručak
Noodles	Rezanci
Salad	Salata
Salt	Sol
Soup	Juha
Spices	Začini
Spoon	Žlica
Vegetables	Povrće
Waiter	Konobar
Water	Voda

Science
Znanost

Atom	Atom
Chemical	Kemijski
Climate	Klima
Data	Podaci
Evolution	Evolucija
Experiment	Eksperiment
Fact	Činjenica
Fossil	Fosil
Gravity	Gravitacija
Hypothesis	Hipoteza
Laboratory	Laboratorij
Method	Metoda
Minerals	Minerali
Molecules	Molekule
Nature	Priroda
Organism	Organizam
Particles	Čestice
Physics	Fizika
Plants	Bilje
Scientist	Znanstvenik

Science Fiction
Znanstvena Fantastika

Atomic	Atomski
Books	Knjige
Chemicals	Kemikalije
Cinema	Kino
Dystopia	Distopija
Explosion	Eksplozija
Extreme	Krajnost
Fantastic	Fantastičan
Fire	Vatra
Futuristic	Futuristički
Galaxy	Galaksija
Illusion	Iluzija
Imaginary	Zamišljen
Mysterious	Tajanstveni
Oracle	Proročište
Planet	Planeta
Robots	Roboti
Technology	Tehnologija
Utopia	Utopija
World	Svijet

Scientific Disciplines
Znanstvene Discipline

Anatomy	Anatomija
Archaeology	Arheologija
Astronomy	Astronomija
Biochemistry	Biokemija
Biology	Biologija
Botany	Botanika
Chemistry	Kemija
Ecology	Ekologija
Geology	Geologija
Immunology	Imunologija
Kinesiology	Kineziologija
Linguistics	Lingvistika
Mechanics	Mehanika
Mineralogy	Mineralogija
Neurology	Neurologija
Physiology	Fiziologija
Psychology	Psihologija
Sociology	Sociologija
Thermodynamics	Termodinamika
Zoology	Zoologija

Shapes
Obrasci

Arc	Luk
Circle	Krug
Cone	Konus
Corner	Kut
Cube	Kocka
Curve	Krivulja
Cylinder	Cilindar
Edges	Rubovi
Ellipse	Elipsa
Hyperbola	Hiperbola
Line	Crta
Oval	Ovalan
Polygon	Poligon
Prism	Prizma
Pyramid	Piramida
Rectangle	Pravokutnik
Side	Strana
Sphere	Sfera
Square	Kvadrat
Triangle	Trokut

Spices
Začini

Anise	Anis
Bitter	Gorak
Cardamom	Kardamom
Cinnamon	Cimet
Coriander	Korijander
Cumin	Kumin
Curry	Curry
Fennel	Komorač
Fenugreek	Piskavica
Flavor	Okus
Garlic	Češnjak
Ginger	Đumbir
Licorice	Slatki
Onion	Luk
Paprika	Paprika
Pepper	Papar
Saffron	Šafran
Salt	Sol
Sweet	Slatko
Vanilla	Vanilija

Sport
Sport

Ability	Sposobnost
Athlete	Sportaš
Body	Tijelo
Bones	Kosti
Coach	Trener
Cycling	Biciklizam
Dancing	Ples
Diet	Dijeta
Endurance	Izdržljivost
Goal	Cilj
Health	Zdravlje
Jogging	Jogging
Maximize	Maksimizirati
Metabolic	Metabolički
Muscles	Mišići
Nutrition	Ishrana
Program	Program
Sports	Sportski
Strength	Snaga
To Swim	Plivati

The Company
Tvrtka

Business	Poslovanje
Creative	Kreativni
Decision	Odluka
Employment	Zapošljavanje
Global	Globalno
Industry	Industrija
Innovative	Inovativan
Investment	Ulaganje
Possibility	Mogućnost
Presentation	Prezentacija
Product	Proizvod
Progress	Napredak
Quality	Kvaliteta
Reputation	Ugled
Resources	Resursi
Revenue	Prihod
Risks	Rizici
Trends	Trendovi
Units	Jedinice
Wages	Plaće

The Media
Mediji

Attitudes	Stavovi
Commercial	Trgovački
Communication	Komunikacija
Digital	Digitalni
Edition	Izdanje
Education	Obrazovanje
Facts	Činjenice
Funding	Financiranje
Images	Slike
Industry	Industrija
Intellectual	Intelektualac
Local	Lokalni
Magazines	Časopisi
Network	Mreža
Newspapers	Novine
Online	Na Liniji
Opinion	Mišljenje
Photos	Fotografije
Public	Javnost
Radio	Radio

Time
Vrijeme

Annual	Godišnji
Before	Prije
Calendar	Kalendar
Century	Stoljeće
Clock	Sat
Day	Dan
Decade	Desetljeće
Early	Rano
Future	Budućnost
Minute	Minuta
Month	Mjesec
Morning	Jutro
Night	Noć
Noon	Podne
Now	Sada
Soon	Uskoro
Today	Danas
Week	Tjedan
Year	Godina
Yesterday	Jučer

Town
Grad

Airport	Zračna Luka
Bakery	Pekara
Bank	Banka
Bookstore	Knjižara
Cinema	Kino
Clinic	Klinika
Florist	Cvjećar
Gallery	Galerija
Hotel	Hotel
Library	Knjižnica
Market	Tržište
Museum	Muzej
Pharmacy	Ljekarna
School	Škola
Stadium	Stadion
Store	Pohraniti
Supermarket	Supermarket
Theater	Kazalište
University	Sveučilište
Zoo	Zoološki Vrt

Universe

Svemir

Asteroid	Asteroid
Astronomer	Astronom
Astronomy	Astronomija
Atmosphere	Atmosfera
Celestial	Nebeski
Cosmic	Kozmički
Darkness	Tama
Eon	Eon
Galaxy	Galaksija
Hemisphere	Hemisfera
Horizon	Horizont
Latitude	Širina
Moon	Mjesec
Orbit	Orbita
Sky	Nebo
Solar	Sunčano
Solstice	Solsticij
Telescope	Teleskop
Visible	Vidljiv
Zodiac	Zodijak

Vacation #2

Odmor № 2

Airport	Zračna Luka
Beach	Plaža
Camping	Kampiranje
Destination	Odredište
Foreign	Strani
Foreigner	Stranac
Holiday	Odmor
Hotel	Hotel
Island	Otok
Journey	Putovanje
Map	Karta
Mountains	Planine
Passport	Putovnica
Restaurant	Restoran
Sea	More
Taxi	Taksi
Tent	Šator
Train	Vlak
Transportation	Prijevoz
Visa	Viza

Vegetables

Povrće

Artichoke	Artičoka
Broccoli	Brokula
Carrot	Mrkva
Cauliflower	Karfiol
Celery	Celer
Cucumber	Krastavac
Eggplant	Patlidžan
Garlic	Češnjak
Ginger	Đumbir
Mushroom	Gljiva
Onion	Luk
Parsley	Peršin
Pea	Grašak
Pumpkin	Bundeva
Radish	Rotkvica
Salad	Salata
Shallot	Luk Kozjak
Spinach	Špinat
Tomato	Rajčica
Turnip	Repa

Vehicles

Vozila

Airplane	Zrakoplov
Ambulance	Hitna Pomoć
Bicycle	Bicikl
Boat	Čamac
Bus	Autobus
Car	Automobil
Caravan	Karavan
Ferry	Trajekt
Helicopter	Helikopter
Motor	Motor
Raft	Splav
Rocket	Raketa
Scooter	Skuter
Shuttle	Čunak
Submarine	Podmornica
Taxi	Taksi
Tires	Gume
Tractor	Traktor
Train	Vlak
Truck	Kamion

Congratulations

You made it!

We hope you enjoyed this book as much as we enjoyed making it. We do our best to make high quality games.
These puzzles are designed in a clever way for you to learn actively while having fun!

Did you love them?

A Simple Request

Our books exist thanks your reviews. Could you help us by leaving one now?

Here is a short link which will take you to your order review page:

BestBooksActivity.com/Review50

MONSTER CHALLENGE!

Challenge #1

Ready for Your Bonus Game? We use them all the time but they are not so easy to find. Here are **Synonyms**!

Note 5 words you discovered in each of the Puzzles noted below (#21, #36, #76) and try to find 2 synonyms for each word.

Note 5 Words from ***Puzzle 21***

Words	Synonym 1	Synonym 2

Note 5 Words from ***Puzzle 36***

Words	Synonym 1	Synonym 2

Note 5 Words from ***Puzzle 76***

Words	Synonym 1	Synonym 2

Challenge #2

Now that you are warmed-up, note 5 words you discovered in each Puzzle noted below (#9, #17, #25) and try to find 2 antonyms for each word. How many lines can you do in 20 minutes?

Note 5 Words from ***Puzzle 9***

Words	Antonym 1	Antonym 2

Note 5 Words from ***Puzzle 17***

Words	Antonym 1	Antonym 2

Note 5 Words from ***Puzzle 25***

Words	Antonym 1	Antonym 2

Challenge #3

Wonderful, this monster  challenge is nothing to you!

Ready for the last one? Choose your 10 favorite words discovered in any of the Puzzles and note them below.

1.	6.
2.	7.
3.	8.
4.	9.
5.	10.

Now, using these words and within a maximum of six sentences, your challenge is to compose a text about a person, animal or place that you love!

Tip: You can use the last blank page of this book as a draft!

Your Writing:

NOTEBOOK:

SEE YOU SOON!

Linguas Classics Team

www.ingramcontent.com/pod-product-compliance
Lightning Source LLC
Chambersburg PA
CBHW082149120626
46553CB00010B/2825
* 9 7 9 8 8 9 6 7 0 8 5 2 0 *